Sabores de la India 2023

Recetas tradicionales y modernas para una experiencia culinaria única

Ravi Patel

resumen

empanadas de verduras 18
    INGREDIENTES 18
    Método 19

Frijoles Germinados Bhel 20
    INGREDIENTES 20
    Para la guarnición: 20
    Método 21

Aloo Kachori 22
    INGREDIENTES 22
    Método 22

Dosis de dieta 24
    INGREDIENTES 24
    Método 24

Rollo nutritivo 26
    INGREDIENTES 26
    Método 27

Sabudana Palak Doodhi Uttapam 28
    INGREDIENTES 28
    Método 29

caca 30
    INGREDIENTES 30
    Método 31

chuleta de verduras 32

- INGREDIENTES 32
  - Método 33
- Soja uppit 34
  - INGREDIENTES 34
  - Método 35
- upma 36
  - INGREDIENTES 36
  - Método 37
- Upma fideos 38
  - INGREDIENTES 38
  - Método 39
- Vínculo 40
  - INGREDIENTES 40
  - Método 41
- Dhokla instantáneo 42
  - INGREDIENTES 42
  - Método 43
- Dhal Maharani 44
  - INGREDIENTES 44
  - Método 45
- Milagu Kuzhambu 46
  - INGREDIENTES 46
  - Método 47
- Dhal Hariyali 48
  - INGREDIENTES 48
  - Método 49
- Dhaljá 50

INGREDIENTES 50

Método 51

Tarkari Dalcha 52

INGREDIENTES 52

Método 53

Dhokar Dhalna 54

INGREDIENTES 54

Método 55

varán 56

INGREDIENTES 56

Método 56

Dhal dulce 57

INGREDIENTES 57

Método 58

Dhal agridulce 59

INGREDIENTES 59

Método 60

Mung-ni-Dhal 61

INGREDIENTES 61

Método 62

Dhal con Cebolla y Coco 63

INGREDIENTES 63

Método 64

dahi kadhi 65

INGREDIENTES 65

Método 66

Dhal de espinacas 67

INGREDIENTES 67

    Método 68

Dhal de Takker 69

    INGREDIENTES 69

    Método 70

Dhal básico 71

    INGREDIENTES 71

    Método 72

Maa-ki-Dhal 73

    INGREDIENTES 73

    Método 74

Dhansak 75

    INGREDIENTES 75

    Para la mezcla de dhal: 75

    Método 76

Masur Dhal 77

    INGREDIENTES 77

    Método 77

Panchemel Dhal 78

    INGREDIENTES 78

    Método 79

Cholar Dhal 80

    INGREDIENTES 80

    Método 81

Dilpas y Dhal 82

    INGREDIENTES 82

    Método 83

Dhal Masur 84
    INGREDIENTES 84
    Método 85
Dhal de berenjena 86
    INGREDIENTES 86
    Método 87
Dhal Tadka Amarillo 88
    INGREDIENTES 88
    Método 89
Rasam 90
    INGREDIENTES 90
    Para la mezcla de especias: 90
    Método 91
Mung Dhal simple 92
    INGREDIENTES 92
    Método 92
frijol mungo verde entero 93
    INGREDIENTES 93
    Método 94
Dahi Kadhi con Pakoras 95
    INGREDIENTES 95
    Para el kadi: 95
    Método 96
Mango dulce inmaduro Dhal 97
    INGREDIENTES 97
    Método 98
malai dal 99

INGREDIENTES	99
Método	100
sambar	101
INGREDIENTES	101
Para el Aliño:	101
Método	102
tres dhals	103
INGREDIENTES	103
Método	104
Sambhar de baquetas de Methi	105
INGREDIENTES	105
Método	106
Dhal Shorba	107
INGREDIENTES	107
Método	107
Delicioso mungo	108
INGREDIENTES	108
Método	109
Masala Toor Dhal	110
INGREDIENTES	110
Método	111
Mung Dhal amarillo seco	112
INGREDIENTES	112
Método	112
Urad entero	113
INGREDIENTES	113
Método	114

Fritura Dhal 115
    INGREDIENTES 115
    Método 116
dosis instantánea 117
    INGREDIENTES 117
    Método 118
Rollo de patata dulce 119
    INGREDIENTES 119
    Método 119
panqueques con papas 120
    INGREDIENTES 120
    Método 121
Murgh malai kebab 122
    INGREDIENTES 122
    Método 123
Soplos Keema 124
    INGREDIENTES 124
    Método 125
pakoda de huevo 127
    INGREDIENTES 127
    Método 128
Dosis de huevo 129
    INGREDIENTES 129
    Método 130
khasta kachori 131
    INGREDIENTES 131
    Método 132

Dhokla de legumbres mixtas 133
    INGREDIENTES 133
    Método 134

FRANCO 135
    INGREDIENTES 135
    Método 136

Delicia de besan y queso 137
    INGREDIENTES 137
    Para la mezcla de besan: 137
    Método 138

chile idli 139
    INGREDIENTES 139
    Método 139

Canapés con espinacas 140
    INGREDIENTES 140
    Método 141

Chaat Paushtik 142
    INGREDIENTES 142
    Método 143

rollo de col 144
    INGREDIENTES 144
    Método 145

pan con tomate 146
    INGREDIENTES 146
    Método 146

Albóndigas de maíz y queso 147
    INGREDIENTES 147

- Método 147
- hojuelas de maíz chivda 148
  - INGREDIENTES 148
  - Método 149
- rollo de nuez 150
  - INGREDIENTES 150
  - Método 151
- Sarmale con carne picada 152
  - INGREDIENTES 152
  - Método 153
- Pav Bhaji 154
  - INGREDIENTES 154
  - Método 155
- chuleta de soja 156
  - INGREDIENTES 156
  - Método 156
- Maíz Bhel 158
  - INGREDIENTES 158
  - Método 158
- Methi Gota 159
  - INGREDIENTES 159
  - Método 160
- Idlis 161
  - INGREDIENTES 161
  - Método 161
- Idli más 162
  - INGREDIENTES 162

Método 163
Sándwich de masala 164
    INGREDIENTES 164
    Método 165
Kebab con menta 166
    INGREDIENTES 166
    Método 166
Sevia Upma Vegetal 167
    INGREDIENTES 167
    Método 168
Bhel 169
    INGREDIENTES 169
    Método 169
sabudana khichdi 170
    INGREDIENTES 170
    Método 171
Dhokla simple 172
    INGREDIENTES 172
    Método 173
papas jaldi 174
    INGREDIENTES 174
    Método 174
Dhokla naranja 175
    INGREDIENTES 175
    Método 176
Repollo Muthia 177
    INGREDIENTES 177

Método 178
Rava Dhokla 179
    INGREDIENTES 179
    Método 179
Chapatti Upma 180
    INGREDIENTES 180
    Método 181
Mung Dhokla 182
    INGREDIENTES 182
    Método 182
Chuleta de carne Mughlai 183
    INGREDIENTES 183
    Método 184
masala ir 185
    INGREDIENTES 185
    Método 185
repollo chivda 186
    INGREDIENTES 186
    Método 187
Pan Besan Bhajji 188
    INGREDIENTES 188
    Método 188
Methi Seekh Kebab 189
    INGREDIENTES 189
    Método 189
Jhinga Hariyali 191
    INGREDIENTES 191

- Método 192
- Methi Adai 193
  - INGREDIENTES 193
  - Método 194
- Chaat de guisantes 195
  - INGREDIENTES 195
  - Método 195
- Shingada 196
  - INGREDIENTES 196
  - Para la masa: 196
  - Método 197
- Cebolla Bhajia 198
  - INGREDIENTES 198
  - Método 198
- Bagani Murgh 199
  - INGREDIENTES 199
  - Para la marinada: 199
  - Método 200
- patata tikki 201
  - INGREDIENTES 201
  - Método 202
- batata ir 203
  - INGREDIENTES 203
  - Método 204
- Brochetas De Pollo Mini 205
  - INGREDIENTES 205
  - Método 205

Albóndigas de lentejas 206
    INGREDIENTES 206
    Método 207
Poha nutritivo 208
    INGREDIENTES 208
    Método 208
frijoles regulares 209
    INGREDIENTES 209
    Método 210
Chutney de pan Pakoda 211
    INGREDIENTES 211
    Método 211
Delicia de Methi Khakra 212
    INGREDIENTES 212
    Método 212
chuleta verde 213
    INGREDIENTES 213
    Método 214
manovo 215
    INGREDIENTES 215
    Método 216
Ghugra 217
    INGREDIENTES 217
    Método 217
Brocheta De Plátano 219
    INGREDIENTES 219
    Método 219

empanadas de verduras

por 12

INGREDIENTES

2 cucharadas de polvo de arrurruz

4-5 papas grandes, hervidas y ralladas

1 cucharada de aceite vegetal refinado más extra para freír

125 g / 4½ oz Besan*

25 g de coco fresco rallado

4-5 anacardos

3-4 pasas

125 g de guisantes cocidos congelados

2 cucharaditas de semillas de granada secas

2 cucharaditas de cilantro molido grueso

1 cucharadita de semillas de hinojo

½ cucharadita de pimienta negra molida

½ cucharadita de chile en polvo

1 cucharadita de amchoor*

½ cucharadita de sal gruesa

Sal al gusto

Método

- Mezclar el arrurruz, las patatas y 1 cucharada de aceite. Poner a un lado.

- Para hacer el relleno, mezcle los ingredientes restantes excepto el aceite.

- Divide la mezcla de patatas en las hamburguesas. Colocar una cucharada de relleno en el centro de cada tarta. Ciérrelos como una bolsa y aplánelos.

- Calentar el aceite restante en una cacerola. Freír las albóndigas a fuego lento hasta que se doren. Se sirve caliente.

Frijoles Germinados Bhel

(Snack Salado con Frijoles Germinados)

Para 4 personas

INGREDIENTES

100 g de frijol mungo germinado, cocido

250 g de kaala chana*, hervido

3 papas grandes, hervidas y picadas

2 tomates grandes, finamente picados

1 cebolla mediana, picada

Sal al gusto

Para la guarnición:

2 cucharadas de chutney de menta

2 cucharadas de chutney de mango dulce caliente

4-5 cucharadas de yogur

100 g de papas fritas, en puré

10 g de hojas de cilantro picadas

Método

- Combine todos los ingredientes excepto los ingredientes de cobertura.
- Decorar en el orden en que se enumeran los ingredientes. Servir inmediatamente.

Aloo Kachori

(albóndigas de patatas fritas)

por 15

INGREDIENTES

350 g de harina integral

1 cucharada de aceite vegetal refinado más extra para freír

1 cucharadita de semillas de ajowan

Sal al gusto

5 papas, hervidas y en puré

2 cucharaditas de chile en polvo

1 cucharada de hojas de cilantro picadas

Método

- Mezclar la harina, 1 cucharada de aceite, las semillas de ajowan y la sal. Romper en bolas del tamaño de una lima. Aplane cada uno en sus palmas y reserve.
- Mezcla las papas, el chile en polvo, las hojas de cilantro y una pizca de sal.
- Colocar una porción de esta mezcla en el centro de cada tarta. Sella apretando los bordes.

- Caliente el aceite en una sartén antiadherente. Freír los kachoris a fuego medio hasta que estén dorados. Escurrir y servir caliente.

Dosis de dieta

(Crepa dietética)

por 12

INGREDIENTES

300 g / 10 oz de mung dhal*, sumergido en 250 ml de agua durante 3-4 horas

3-4 chiles verdes

raíz de jengibre de 2,5 cm

100 g de sémola

1 cucharada de crema agria

50 g de hojas de cilantro picadas

6 hojas de curry

Aceite vegetal refinado para engrasar

Sal al gusto

Método

- Mezclar el dhal con chiles verdes y jengibre. Ellos muelen juntos.
- Añadir la sémola y la nata. Revuelva bien. Agregue hojas de cilantro, hojas de curry y suficiente agua para hacer una masa espesa.

- Engrasar una sartén plana y calentar. Vierta 2 cucharadas de masa sobre ella y extienda con el dorso de una cuchara. Cocine durante 3 minutos a fuego lento. Gira y repite.
- Repita para la masa restante. Se sirve caliente.

Rollo nutritivo

Hace 8-10

INGREDIENTES

200 g de espinacas, finamente picadas

1 zanahoria, finamente picada

125 g de guisantes congelados

50 g de frijol mungo germinado

3-4 papas grandes, hervidas y en puré

2 cebollas grandes, finamente picadas

½ cucharadita de pasta de jengibre

½ cucharadita de pasta de ajo

1 chile verde, finamente picado

½ cucharadita de amchoor*

Sal al gusto

½ cucharadita de chile en polvo

3 cucharadas de hojas de cilantro finamente picadas

Aceite vegetal refinado para freír poco profundo

8-10 chapatis

2 cucharadas de chutney de mango dulce caliente

Método

- Cocine al vapor las espinacas, las zanahorias, los guisantes y los frijoles mung juntos.
- Mezcle las verduras al vapor con papas, cebollas, pasta de jengibre, pasta de ajo, chiles verdes, amchoor, sal, chile en polvo y hojas de cilantro. Amasar bien para obtener una mezcla homogénea.
- Forme la mezcla en pequeñas empanadas.
- Calentar el aceite en una cacerola. Freír las chuletas a fuego medio hasta que se doren. Escurrir y reservar.
- Extienda un chutney de mango caliente y dulce sobre un chapatti. Coloque una chuleta en el centro y enrolle el chapatti.
- Repita para todos los chapatis. Se sirve caliente.

Sabudana Palak Doodhi Uttapam

(Tortitas de sagú, espinacas y calabaza embotellada)

por 20

INGREDIENTES

1 cucharadita de toor dhal*

1 cucharadita de mung dhal*

1 cucharadita de frijoles urad*

1 cucharadita de masor dhal*

3 cucharaditas de arroz

100 g de sagú, molido grueso

50 g de espinacas, al vapor y picadas

¼ botella de calabaza*, reír

125 g / 4½ oz Besan*

½ cucharadita de comino molido

1 cucharadita de hojas de menta finamente picadas

1 chile verde, finamente picado

½ cucharadita de pasta de jengibre

Sal al gusto

100 ml / 3½ onzas líquidas de agua

Aceite vegetal refinado para freír

Método

- Moler juntos toor dhal, mung dhal, frijoles urad, masoor dhal y arroz. Poner a un lado.
- Remoje el sagú durante 3-5 minutos. Se drena por completo.
- Mezclar con la mezcla de arroz molido y dhal.
- Agregue las espinacas, las calabazas, el besan, el comino molido, las hojas de menta, los chiles verdes, la pasta de jengibre, la sal y suficiente agua para hacer una masa espesa. Dejar reposar durante 30 minutos.
- Engrasa una sartén y caliéntala. Vierta 1 cucharada de masa en la sartén y extiéndala con el dorso de una cuchara.
- Tape y cocine a fuego medio hasta que el fondo esté de color marrón claro. Gira y repite.
- Repita para la masa restante. Servir caliente con ketchup o chutney de coco verde

caca

Para 4 personas

INGREDIENTES

150 g de poha*

1 ½ cucharadas de aceite vegetal refinado

½ cucharadita de semillas de comino

½ cucharadita de semillas de mostaza

1 patata grande, finamente picada

2 cebollas grandes, finamente picadas

5-6 chiles verdes, finamente picados

8 hojas de curry, picadas en trozos grandes

¼ de cucharadita de cúrcuma

45 g de avellanas tostadas (opcional)

25 g / 1 onza de coco fresco, rallado o rallado

10 g de hojas de cilantro finamente picadas

1 cucharadita de jugo de limón

Sal al gusto

Método

- Lava bien la poha. Drene el agua por completo y mantenga el poha a un lado en un colador durante 15 minutos.
- Afloje suavemente los grumos de poha con los dedos. Poner a un lado.
- Calentar el aceite en una cacerola. Agrega el comino y las semillas de mostaza. Déjalos reposar durante 15 segundos.
- Añadir las patatas troceadas. Rehogar en una sartén a fuego medio durante 2-3 minutos. Agregue las cebollas, los chiles verdes, las hojas de curry y la cúrcuma. Cocine hasta que la cebolla se vuelva transparente. Alejar del calor.
- Agregue la poha, los cacahuetes tostados y la mitad de las hojas de coco y el cilantro rallado. Revuelva para mezclar bien.
- Espolvorear con jugo de limón y sal. Hervir durante 4-5 minutos.
- Adorne con las hojas de coco restantes y el cilantro. Se sirve caliente.

chuleta de verduras

Hace 10-12

INGREDIENTES

2 cebollas, finamente picadas

5 dientes de ajo

¼ de cucharadita de semillas de hinojo

2-3 chiles verdes

10 g de hojas de cilantro finamente picadas

2 zanahorias grandes, finamente picadas

1 patata grande, finamente picada

1 remolacha pequeña, finamente picada

50 g de judías verdes, finamente picadas

50 g de guisantes

900 ml / 1½ litros de agua

Sal al gusto

¼ de cucharadita de cúrcuma

2-3 cucharadas de besan*

1 cucharada de aceite vegetal refinado más extra para freír

50 g de pan rallado

Método

- Moler 1 cebolla, ajo, semillas de hinojo, chiles verdes y hojas de cilantro hasta obtener una pasta suave. Poner a un lado.
- Mezcle las zanahorias, las patatas, la remolacha, las judías verdes y los guisantes en una cacerola. Añade 500 ml de agua, sal y cúrcuma y cocina a fuego medio hasta que las verduras estén blandas.
- Triture bien las verduras y reserve.
- Mezcle el besan y el agua restante para formar una masa fina. Poner a un lado.
- Caliente 1 cucharada de aceite en una cacerola. Agregue la cebolla restante y fría hasta que esté transparente.
- Agregue la cebolla y la pasta de ajo y saltee durante un minuto a fuego medio, revolviendo constantemente.
- Agregue el puré de verduras y mezcle bien.
- Retire del fuego y deje enfriar.
- Divida esta mezcla en 10-12 bolas. Aplanar entre las palmas para hacer empanadas.
- Sumerja las albóndigas en la masa y páselas por pan rallado.
- Caliente el aceite en una sartén antiadherente. Freír las albóndigas hasta que estén doradas por ambos lados.
- Se sirve caliente con ketchup.

Soja uppit

(snack de soja)

Para 4 personas

INGREDIENTES

1 ½ cucharadas de aceite vegetal refinado

½ cucharadita de semillas de mostaza

2 chiles verdes, finamente picados

2 chiles rojos, finamente picados

Una pizca de asafétida

1 cebolla grande, finamente picada

Raíz de jengibre de 2,5 cm, en juliana

10 dientes de ajo, finamente picados

6 hojas de curry

100 g de harina de soja*, seco frito

100 g de sémola seca frita

200 g de guisantes

500 ml de agua caliente

¼ de cucharadita de cúrcuma

1 cucharadita de azúcar

1 cucharadita de sal

1 tomate grande, finamente picado

2 cucharadas de hojas de cilantro finamente picadas

15 pasas

10 anacardos

Método

- Calentar el aceite en una cacerola. Agregue las semillas de mostaza. Déjalos reposar durante 15 segundos.
- Agregue chiles verdes, chiles rojos, asafétida, cebolla, jengibre, ajo y hojas de curry. Freír a fuego medio durante 3-4 minutos, revolviendo con frecuencia.
- Añadir la harina de soja, la sémola y los guisantes. Cocine hasta que ambos tipos de sémola se doren.
- Agregue el agua caliente, la cúrcuma, el azúcar y la sal. Cocine a fuego medio hasta que el agua se seque.
- Adorne con tomates, hojas de cilantro, pasas y anacardos.
- Se sirve caliente.

upma

(plato de desayuno con sémola)

Para 4 personas

INGREDIENTES

1 cucharada de mantequilla clarificada

150 g de sémola

1 cucharada de aceite vegetal refinado

¼ de cucharadita de semillas de mostaza

1 cucharadita de urad dhal*

3 chiles verdes, cortados a lo largo

8-10 hojas de curry

1 cebolla mediana, finamente picada

1 tomate mediano, finamente picado

750 ml / 1¼ litros de agua

1 cucharadita colmada de azúcar

Sal al gusto

50 g de guisantes enlatados (opcional)

25 g de hojas de cilantro raras, finamente picadas

Método

- Calentar la mantequilla clarificada en una sartén antiadherente. Agregue la sémola y fría, revolviendo con frecuencia, hasta que la sémola se dore. Poner a un lado.
- Calentar el aceite en una cacerola. Agregue las semillas de mostaza, el urad dhal, los chiles y las hojas de curry. Freír hasta que el urad dhal se dore.
- Agregue la cebolla y saltee a fuego lento hasta que esté transparente. Agregue el tomate y saltee durante otros 3-4 minutos.
- Agregue el agua y mezcle bien. Cocine a fuego medio hasta que la mezcla comience a hervir. Revuelva bien.
- Añadir el azúcar, la sal, la sémola y los guisantes. Revuelva bien.
- Hervir, revolviendo constantemente, durante 2-3 minutos.
- Decorar con hojas de cilantro. Se sirve caliente.

Upma fideos

(Fideos con cebolla)

Para 4 personas

INGREDIENTES

3 cucharadas de aceite vegetal refinado

1 cucharadita de mung dhal*

1 cucharadita de urad dhal*

¼ de cucharadita de semillas de mostaza

8 hojas de curry

10 avellanas

10 anacardos

1 patata mediana, finamente picada

1 zanahoria grande, finamente picada

2 chiles verdes, finamente picados

1 cm de raíz de jengibre, finamente picado

1 cebolla grande, finamente picada

1 tomate, finamente picado

50 g de guisantes congelados

Sal al gusto

1 litro / 1¾ litros de agua

200 g de fideos

2 cucharadas de mantequilla clarificada

Método

- Calentar el aceite en una cacerola. Agregue mung dhal, urad dhal, semillas de mostaza y hojas de curry. Déjalos reposar durante 30 segundos.
- Añadir las avellanas y los anacardos. Freír a fuego medio hasta dorar.
- Añadir la patata y la zanahoria. Freír durante 4-5 minutos.
- Añadir la guindilla, el jengibre, la cebolla, el tomate, los guisantes y la sal. Cocine a fuego medio, revolviendo con frecuencia, hasta que las verduras estén tiernas.
- Añadir el agua y llevar a ebullición. Revuelva bien.
- Agregue los fideos, revolviendo constantemente para asegurarse de que no se formen grumos.
- Cubra con una tapa y cocine durante 5-6 minutos.
- Añadir la mantequilla clarificada y mezclar bien. Se sirve caliente.

Vínculo

(chuleta de patata)

por 10

INGREDIENTES

5 cucharadas de aceite vegetal refinado más extra para freír

½ cucharadita de semillas de mostaza

Raíz de jengibre de 2,5 mm, finamente picada

2 chiles verdes, finamente picados

50 g de hojas de cilantro finamente picadas

1 cebolla grande, finamente picada

4 papas medianas, hervidas y en puré

1 zanahoria grande, finamente picada y hervida

125 g de guisantes enlatados

Una pizca de cúrcuma

Sal al gusto

1 cucharadita de jugo de limón

250g / 9oz de besán*

200 ml / 7 onzas líquidas de agua

½ cucharadita de polvo de hornear

Método

- Calentar 4 cucharadas de aceite en una cacerola. Agregue las semillas de mostaza, el jengibre, los chiles verdes, las hojas de cilantro y las cebollas. Freír a fuego medio, revolviendo ocasionalmente, hasta que la cebolla se dore.
- Agregue las papas, la zanahoria, los guisantes, la cúrcuma y la sal. Hervir durante 5-6 minutos, revolviendo ocasionalmente.
- Rocíe con jugo de limón y divida la mezcla en 10 bolas. Poner a un lado.
- Mezclar la salsa, el agua y la levadura con 1 cucharada de aceite hasta formar una masa.
- Calentar el aceite en una cacerola. Sumerge cada bola de patata en la masa y fríelas a fuego medio hasta que estén doradas.
- Se sirve caliente.

Dhokla instantáneo

(Quiche instantáneo al vapor)

Hace 15-20

INGREDIENTES

250g / 9oz de besán*

1 cucharadita de sal

2 cucharadas de azúcar

2 cucharadas de aceite vegetal refinado

½ cucharada de jugo de limón

240 ml / 8 onzas líquidas de agua

1 cucharada de levadura en polvo

1 cucharadita de semillas de mostaza

2 chiles verdes, cortados a lo largo

Unas hojas de curry

1 cucharada de agua

2 cucharadas de hojas de cilantro finamente picadas

1 cucharada de coco fresco, rallado

Método

- Mezcle los frijoles, la sal, el azúcar, 1 cucharada de aceite, el jugo de limón y el agua para hacer una masa suave.
- Engrasa un molde para pastel redondo de 20 cm.
- Añadir la levadura a la masa. Mezclar bien e inmediatamente verter en el molde engrasado. Cocer al vapor durante 20 minutos.
- Perfore con un tenedor para verificar que esté listo. Si un tenedor no sale limpio, vuelva a cocinar al vapor durante 5-10 minutos. Poner a un lado.
- Calentar el aceite restante en una cacerola. Agregue las semillas de mostaza. Déjalos reposar durante 15 segundos.
- Agregue chiles verdes, hojas de curry y agua. Hervir durante 2 minutos.
- Vierta esta mezcla sobre el dhokla y deje que absorba el líquido.
- Decorar con hojas de cilantro y coco rallado.
- Cortar en cuadrados y servir con chutney de menta

Dhal Maharani

(Lentejas negras y frijoles rojos)

Para 4 personas

INGREDIENTES

150 g de urad dhal*

2 cucharadas de frijoles pintos

1,4 litros / 2½ litros de agua

Sal al gusto

1 cucharada de aceite vegetal refinado

½ cucharadita de semillas de comino

1 cebolla grande, finamente picada

3 tomates medianos, picados

1 cucharadita de pasta de jengibre

½ cucharadita de pasta de ajo

½ cucharadita de chile en polvo

½ cucharadita de garam masala

120 ml / 4 fl oz de nata fresca

Método

- Remoje el urad dhal y los frijoles rojos juntos durante la noche. Escurrir y hervir juntos en una cacerola con agua y sal durante 1 hora a fuego medio. Poner a un lado.
- Calentar el aceite en una cacerola. Agregue las semillas de comino. Déjalos reposar durante 15 segundos.
- Agregue la cebolla y saltee a fuego medio hasta que se dore.
- Añade los tomates. Revuelva bien. Agregue la pasta de jengibre y la pasta de ajo. Freír durante 5 minutos.
- Agregue el dhal y la mezcla de frijoles cocidos, el chile en polvo y el garam masala. Revuelva bien.
- Agrega la crema. Hervir durante 5 minutos, revolviendo con frecuencia.
- Servir caliente con naan o arroz al vapor.

Milagu Kuzhambu

(Gramo rojo desgarrado en salsa de pimienta)

Para 4 personas

INGREDIENTES

- 2 cucharaditas de mantequilla clarificada
- 2 cucharaditas de semillas de cilantro
- 1 cucharada de pasta de tamarindo
- 1 cucharadita de pimienta negra molida
- ¼ de cucharadita de asafétida

- Sal al gusto
- 1 cucharada de toor dhal*, cocido
- 1 litro / 1¾ litros de agua
- ¼ de cucharadita de semillas de mostaza
- 1 chile verde, picado
- ¼ de cucharadita de cúrcuma
- 10 hojas de curry

Método

- Calentar unas gotas de mantequilla clarificada en una cacerola. Añade las semillas de cilantro y fríe a fuego medio durante 2 minutos. Enfriar y moler.
- Mezclar con pasta de tamarindo, pimienta, asafétida, sal y dhal en una cacerola grande.
- Agrega el agua. Mezclar bien y llevar a ebullición a fuego medio. Poner a un lado.
- Caliente la mantequilla clarificada restante en una cacerola. Agregue las semillas de mostaza, los chiles verdes, la cúrcuma y las hojas de curry. Déjalos reposar durante 15 segundos.
- Agregue esto al dhal. Se sirve caliente.

Dhal Hariyali

(Verduras de hoja verde de bengala split gram)

Para 4 personas

INGREDIENTES

300 g / 10 oz toor dhal*

1,4 litros / 2½ litros de agua

Sal al gusto

2 cucharadas de mantequilla clarificada

1 cucharadita de semillas de comino

1 cebolla, finamente picada

½ cucharadita de pasta de jengibre

½ cucharadita de pasta de ajo

½ cucharadita de cúrcuma

50 g de espinacas picadas

10 g de hojas de fenogreco, finamente picadas

25 g / 1 onza de hojas de cilantro raras

Método

- Cocine el dhal con agua y sal en una cacerola durante 45 minutos, revolviendo con frecuencia. Poner a un lado.
- Calentar la mantequilla clarificada en una cacerola. Agregue semillas de comino, cebolla, pasta de jengibre, pasta de ajo y cúrcuma. Freír durante 2 minutos a fuego lento, revolviendo continuamente.
- Agrega las espinacas, las hojas de fenogreco y las hojas de cilantro. Mezcle bien y cocine durante 5-7 minutos.
- Se sirve caliente con arroz al vapor.

Dhaljá

(Split Bengal Gram con cordero)

Para 4 personas

INGREDIENTES

150 g de chana dhal*

150 g / 5½ oz de dhal*

2,8 litros / 5 litros de agua

Sal al gusto

2 cucharadas de pasta de tamarindo

2 cucharadas de aceite vegetal refinado

4 cebollas grandes, picadas

5 cm de raíz de jengibre, rallada

10 dientes de ajo, machacados

750 g de cordero picado

1,4 litros / 2½ litros de agua

3-4 tomates picados

1 cucharadita de chile en polvo

1 cucharadita de cúrcuma

1 cucharadita de garam masala

20 hojas de curry

25 g de hojas de cilantro raras, finamente picadas

Método

- Cuece los dhals con agua y sal durante 1 hora a fuego medio. Agregue la pasta de tamarindo y triture bien. Poner a un lado.
- Calentar el aceite en una cacerola. Agregue la cebolla, el jengibre y el ajo. Freír a fuego medio hasta dorar. Agregue el cordero y revuelva continuamente hasta que se dore.
- Agregue el agua y cocine a fuego lento hasta que el cordero esté tierno.
- Agregue los tomates, el chile en polvo, la cúrcuma y la sal. Revuelva bien. Cocine otros 7 minutos.
- Agregue dhal, garam masala y hojas de curry. Revuelva bien. Hervir durante 4-5 minutos.
- Decorar con hojas de cilantro. Se sirve caliente.

Tarkari Dalcha

(Gramo de Bengala partido con verduras)

Para 4 personas

INGREDIENTES

150 g de chana dhal*

150 g / 5½ oz de dhal*

Sal al gusto

3 litros / 5¼ litros de agua

10 g de hojas de menta

10 g de hojas de cilantro

2 cucharadas de aceite vegetal refinado

½ cucharadita de semillas de mostaza

½ cucharadita de semillas de comino

Una pizca de semillas de fenogreco

Una pizca de semillas de kalonji*

2 chiles rojos secos

10 hojas de curry

½ cucharadita de pasta de jengibre

½ cucharadita de pasta de ajo

½ cucharadita de cúrcuma

1 cucharadita de chile en polvo

1 cucharadita de pasta de tamarindo

500 g / 1 lb 2 oz de calabaza, finamente picada

Método

- Hervir ambos dhals con sal, 2,5 litros/4 litros de agua y la mitad de la menta y el cilantro en una cacerola a fuego medio durante 1 hora. Moler hasta obtener una pasta espesa. Poner a un lado.
- Calentar el aceite en una cacerola. Agregue semillas de mostaza, comino, fenogreco y kalonji. Déjalos reposar durante 15 segundos.
- Agregue chiles rojos y hojas de curry. Freír a fuego medio durante 15 segundos.
- Agregue la pasta de dhal, la pasta de jengibre, la pasta de ajo, la cúrcuma, el chile en polvo y la pasta de tamarindo. Revuelva bien. Cocine a fuego medio, revolviendo con frecuencia, durante 10 minutos.
- Agregue el agua restante y la calabaza. Hervir hasta que los calabacines estén cocidos.
- Agregue las hojas restantes de menta y cilantro. Cocine durante 3-4 minutos.
- Se sirve caliente.

Dhokar Dhalna

(Cubos fritos de curry dhal)

Para 4 personas

INGREDIENTES

600 g / 1 lb 5 oz de chana dhal*, remojar durante la noche

120ml de agua

Sal al gusto

4 cucharadas de aceite vegetal refinado más extra para freír

3 chiles verdes, picados

½ cucharadita de asafétida

2 cebollas grandes, finamente picadas

1 hoja de laurel

1 cucharadita de pasta de jengibre

1 cucharadita de pasta de ajo

1 cucharadita de chile en polvo

¾ cucharadita de cúrcuma

1 cucharadita de garam masala

1 cucharada de hojas de cilantro finamente picadas

Método

- Muele el dhal con agua y un poco de sal hasta obtener una pasta espesa. Poner a un lado.
- Caliente 1 cucharada de aceite en una cacerola. Añadir pimiento verde y asafétida. Déjalos reposar durante 15 segundos. Agregue la masa de dhal y una pizca de sal. Revuelva bien.
- Extienda esta mezcla en una bandeja para hornear para que se enfríe. Cortar en trozos de 2,5 cm.
- Calentar el aceite de freír en una cacerola. Freír las piezas hasta que estén doradas. Poner a un lado.
- Calentar 2 cucharadas de aceite en una cacerola. Freír la cebolla hasta que esté dorada. Molerlos hasta obtener una pasta y reservar.
- Caliente la 1 cucharada restante de aceite en una cacerola. Agregue hojas de laurel, trozos de dhal frito, pasta de cebolla frita, pasta de jengibre, pasta de ajo, chile en polvo, cúrcuma y garam masala. Agregue suficiente agua para cubrir las piezas de dhal. Mezcle bien y cocine durante 7-8 minutos.
- Decorar con hojas de cilantro. Se sirve caliente.

varán

(Simple Split Red Gram Dhal)

Para 4 personas

INGREDIENTES

300 g / 10 oz toor dhal*

2,4 litros / 4 litros de agua

¼ de cucharadita de asafétida

½ cucharadita de cúrcuma

Sal al gusto

Método

- Cocine todos los ingredientes en una sartén durante aproximadamente 1 hora a fuego medio.
- Se sirve caliente con arroz al vapor.

Dhal dulce

(Gramo rojo partido dulce)

Para 4-6 personas

INGREDIENTES

300 g / 10 oz toor dhal*

2,5 litros / 4 litros de agua

Sal al gusto

¼ de cucharadita de cúrcuma

Una buena pizca de asafétida

½ cucharadita de chile en polvo

Pieza de jaggery de 5 cm*

2 cucharaditas de aceite vegetal refinado

¼ de cucharadita de semillas de comino

¼ de cucharadita de semillas de mostaza

2 chiles rojos secos

1 cucharada de hojas de cilantro finamente picadas

Método

- Lave y cocine el toor dhal con agua y sal en una cacerola a fuego lento durante 1 hora.
- Agregue la cúrcuma, la asafétida, el chile en polvo y el azúcar moreno. Cocine por 5 minutos. Mezclar bien. Poner a un lado.
- En una cacerola pequeña, caliente el aceite. Agregue las semillas de comino, las semillas de mostaza y los chiles rojos secos. Déjalos reposar durante 15 segundos.
- Verter en el dhal y mezclar bien.
- Decorar con hojas de cilantro. Se sirve caliente.

Dhal agridulce

(Gramo rojo dividido en agridulce)

Para 4-6 personas

INGREDIENTES

300 g / 10 oz toor dhal*

2,4 litros / 4 litros de agua

Sal al gusto

¼ de cucharadita de cúrcuma

¼ de cucharadita de asafétida

1 cucharadita de pasta de tamarindo

1 cucharadita de azúcar

2 cucharaditas de aceite vegetal refinado

½ cucharadita de semillas de mostaza

2 chiles verdes

8 hojas de curry

1 cucharada de hojas de cilantro finamente picadas

Método

- Cocine toor dhal en una cacerola con agua y sal a fuego medio durante 1 hora.
- Agregue la cúrcuma, la asafétida, la pasta de tamarindo y el azúcar. Cocine por 5 minutos. Poner a un lado.
- En una cacerola pequeña, caliente el aceite. Agregue las semillas de mostaza, los chiles y las hojas de curry. Déjalos reposar durante 15 segundos.
- Vierta este aderezo en el dhal.
- Decorar con hojas de cilantro.
- Servir caliente con arroz o chapattis al vapor.

Mung-ni-Dhal

(gramo verde partido)

Para 4 personas

INGREDIENTES

300 g / 10 oz de mung dhal*

1,9 litros / 3½ litros de agua

Sal al gusto

¼ de cucharadita de cúrcuma

½ cucharadita de pasta de jengibre

1 chile verde, finamente picado

¼ de cucharadita de azúcar

1 cucharada de mantequilla clarificada

½ cucharadita de semillas de sésamo

1 cebolla pequeña, picada

1 diente de ajo picado

Método

- Hervir mung dhal con agua y sal en una cacerola a fuego medio durante 30 minutos.
- Agregue la cúrcuma, la pasta de jengibre, los chiles verdes y el azúcar. Revuelva bien.
- Agregue 120 ml de agua si el dhal está seco. Hervir durante 2-3 minutos y reservar.
- Caliente la mantequilla clarificada en una cacerola pequeña. Agregue las semillas de sésamo, la cebolla y el ajo. Freírlos durante 1 minuto, revolviendo constantemente.
- Agregue esto al dhal. Se sirve caliente.

Dhal con Cebolla y Coco

(Gramo rojo desgarrado con cebolla y coco)

Para 4-6 personas

INGREDIENTES

300 g / 10 oz toor dhal*

2,8 litros / 5 litros de agua

2 chiles verdes, picados

1 cebolla pequeña, picada

Sal al gusto

¼ de cucharadita de cúrcuma

1 ½ cucharaditas de aceite vegetal

½ cucharadita de semillas de mostaza

1 cucharada de hojas de cilantro finamente picadas

50 g de coco fresco rallado

Método

- Hervir el toor dhal con agua, chiles verdes, cebolla, sal y cúrcuma en una cacerola a fuego medio durante 1 hora. Poner a un lado.
- Calentar el aceite en una cacerola. Agregue las semillas de mostaza. Déjalos reposar durante 15 segundos.
- Verter en el dhal y mezclar bien.
- Decorar con hojas de cilantro y coco. Se sirve caliente.

dahi kadhi

(curry a base de yogur)

Para 4 personas

INGREDIENTES

1 cucharada de besan*

250 g de yogur

750 ml / 1¼ litros de agua

2 cucharaditas de azúcar

Sal al gusto

½ cucharadita de pasta de jengibre

1 cucharada de aceite vegetal refinado

¼ de cucharadita de semillas de mostaza

¼ de cucharadita de semillas de comino

¼ de cucharadita de semillas de fenogreco

8 hojas de curry

10 g de hojas de cilantro finamente picadas

Método

- Mezcla los frijoles con el yogur, el agua, el azúcar, la sal y la pasta de jengibre en una cacerola grande. Mezcle bien para asegurarse de que no se formen grumos.
- Cocine la mezcla a fuego medio hasta que comience a espesar, revolviendo con frecuencia. Llevar a ebullición. Poner a un lado.
- Calentar el aceite en una cacerola. Agregue semillas de mostaza, semillas de comino, semillas de fenogreco y hojas de curry. Déjalos reposar durante 15 segundos.
- Vierta este aceite sobre la mezcla de frijoles.
- Decorar con hojas de cilantro. Se sirve caliente.

Dhal de espinacas

(Espinacas con gramo verde partido)

Para 4 personas

INGREDIENTES

300 g / 10 oz de mung dhal*

1,9 litros / 3½ litros de agua

Sal al gusto

1 cebolla grande, picada

6 dientes de ajo, picados

¼ de cucharadita de cúrcuma

100 g de espinacas picadas

½ cucharadita de amchoor*

Una pizca de garam masala

½ cucharadita de pasta de jengibre

1 cucharada de aceite vegetal refinado

1 cucharadita de semillas de comino

2 cucharadas de hojas de cilantro finamente picadas

Método

- Cocine el dhal con agua y sal en una cacerola a fuego medio durante 30-40 minutos.
- Añade la cebolla y el ajo. Cocine por 7 minutos.
- Agregue la cúrcuma, las espinacas, el amchoor, el garam masala y la pasta de jengibre. Mezclar bien.
- Cocine hasta que el dhal esté suave y todas las especias hayan sido absorbidas. Poner a un lado.
- Calentar el aceite en una cacerola. Agregue las semillas de comino. Déjalos reposar durante 15 segundos.
- Verter sobre el dhal.
- Decorar con hojas de cilantro. se sirve caliente

Dhal de Takker

(Parte de lentejas rojas con mango verde)

Para 4 personas

INGREDIENTES

300 g / 10 oz toor dhal*

2,4 litros / 4 litros de agua

1 mango verde, sin hueso y cortado en cuartos

½ cucharadita de cúrcuma

4 chiles verdes

Sal al gusto

2 cucharaditas de aceite de mostaza

½ cucharadita de semillas de mostaza

1 cucharada de hojas de cilantro finamente picadas

Método

- Hervir el dhal con agua, trozos de mango, cúrcuma, chile y sal durante una hora. Poner a un lado.
- Caliente el aceite en una cacerola y agregue las semillas de mostaza. Déjalos reposar durante 15 segundos.
- Agregue esto al dhal. Hervir hasta que espese.
- Decorar con hojas de cilantro. Se sirve caliente con arroz al vapor.

Dhal básico

(Dividir gramos rojos por tomates)

Para 4 personas

INGREDIENTES

300 g / 10 oz toor dhal*

1,2 litros / 2 litros de agua

Sal al gusto

¼ de cucharadita de cúrcuma

½ cucharada de aceite vegetal refinado

¼ de cucharadita de semillas de comino

2 chiles verdes, cortados a lo largo

1 tomate mediano, finamente picado

1 cucharada de hojas de cilantro finamente picadas

Método

- Cocine toor dhal con agua y sal en una cacerola durante 1 hora a fuego medio.
- Agregue la cúrcuma y mezcle bien.
- Si el dhal es demasiado espeso, agregue 120 ml de agua. Mezcle bien y deje reposar.
- Calentar el aceite en una cacerola. Agregue las semillas de comino y déjelas reposar durante 15 segundos. Agregue el pimiento verde y los tomates. Freír durante 2 minutos.
- Agregue esto al dhal. Revuelva y cocine por 3 minutos.
- Decorar con hojas de cilantro. Se sirve caliente con arroz al vapor.

Maa-ki-Dhal

(Gramo negro rico)

Para 4 personas

INGREDIENTES

240 g de kaali dhal*

125 g de judías borlotti

2,8 litros / 5 litros de agua

Sal al gusto

Raíz de jengibre de 3,5 cm, en juliana

1 cucharadita de chile en polvo

3 tomates, puré

1 cucharada de mantequilla

2 cucharaditas de aceite vegetal refinado

1 cucharadita de semillas de comino

2 cucharadas de nata líquida

Método

- Remoje el dhal y los frijoles pintos juntos durante la noche.
- Cuece con agua, sal y jengibre en una sartén durante 40 minutos a fuego medio.
- Agregue el chile en polvo, el puré de tomate y la mantequilla. Hervir durante 8-10 minutos. Poner a un lado.
- Calentar el aceite en una cacerola. Agregue las semillas de comino. Déjalos reposar durante 15 segundos.
- Agregue esto al dhal. Revuelva bien.
- Agrega la crema. Se sirve caliente con arroz al vapor.

Dhansak

(Spicy Parsi Split Red Gram)

Para 4 personas

INGREDIENTES

3 cucharadas de aceite vegetal refinado

1 cebolla grande, finamente picada

2 tomates grandes, picados

½ cucharadita de cúrcuma

½ cucharadita de chile en polvo

1 cucharada de dhansak masala*

1 cucharada de vinagre de malta

Sal al gusto

Para la mezcla de dhal:

150 g / 5½ oz de dhal*

75 g / 2½ oz mung dhal*

75 g de masor dhal*

1 berenjena pequeña, en cuartos

Pieza de calabaza de 7,5 cm, en cuartos

1 cucharada de hojas frescas de fenogreco

1,4 litros / 2½ litros de agua

Sal al gusto

Método

- Cocine los ingredientes para la mezcla de dhal en una cacerola a fuego medio durante 45 minutos. Poner a un lado.
- Calentar el aceite en una cacerola. Freír la cebolla y los tomates a fuego medio durante 2-3 minutos.
- Agregue la mezcla de dhal y todos los demás ingredientes. Mezcle bien y cocine a fuego medio durante 5-7 minutos. Se sirve caliente.

Masur Dhal

Para 4 personas

INGREDIENTES

300 g / 10 oz masor dhal*

Sal al gusto

Una pizca de cúrcuma

1,2 litros / 2 litros de agua

2 cucharadas de aceite vegetal refinado

6 dientes de ajo, picados

1 cucharadita de jugo de limón

Método

- Cocine el dhal, la sal, la cúrcuma y el agua en una cacerola a fuego medio durante 45 minutos. Poner a un lado.
- Calienta el aceite en una sartén y saltea el ajo hasta que se dore. Añadir al dhal y espolvorear con jugo de limón. Revuelva bien. Se sirve caliente.

Panchemel Dhal

(Mezcla de cinco lentejas)

Para 4 personas

INGREDIENTES

75 g / 2½ oz mung dhal*

1 cucharada de chana dhal*

1 cucharada de masor dhal*

1 cucharada de toor dhal*

1 cucharada de urad dhal*

750 ml / 1¼ litros de agua

½ cucharadita de cúrcuma

Sal al gusto

1 cucharada de mantequilla clarificada

1 cucharadita de semillas de comino

Una pizca de asafétida

½ cucharadita de garam masala

1 cucharadita de pasta de jengibre

Método

- Cuece los dhals con el agua, la cúrcuma y la sal en un cazo durante 1 hora a fuego medio. Revuelva bien. Poner a un lado.
- Calentar la mantequilla clarificada en una cacerola. Freír los ingredientes restantes durante 1 minuto.
- Agregue esto al dhal, mezcle bien y cocine durante 3-4 minutos. Se sirve caliente.

Cholar Dhal

(Gramo de Bengala dividido)

Para 4 personas

INGREDIENTES

600 g / 1 lb 5 oz de chana dhal*

2,4 litros / 5 litros de agua

Sal al gusto

3 cucharadas de mantequilla clarificada

½ cucharadita de semillas de comino

½ cucharadita de cúrcuma

2 cucharaditas de azúcar

3 clavos

2 hojas de laurel

2,5 cm de canela

2 vainas de cardamomo verde

15 g de coco picado y tostado

Método

- Cocine el dhal con agua y sal en una cacerola a fuego medio durante 1 hora. Poner a un lado.
- Caliente 2 cucharadas de mantequilla clarificada en una cacerola. Agregue todos los ingredientes excepto el coco. Déjalos reposar durante 20 segundos. Agregue el dhal cocido y cocine, revolviendo bien durante 5 minutos. Agregue el coco y 1 cucharada de mantequilla clarificada. Se sirve caliente.

Dilpas y Dhal

(lentejas especiales)

Para 4 personas

INGREDIENTES

60 g de judías verdes*

2 cucharadas de frijoles pintos

2 cucharadas de garbanzos

2 litros / 3½ litros de agua

¼ de cucharadita de cúrcuma

2 cucharadas de mantequilla clarificada

2 tomates, blanqueados y hechos puré

2 cucharaditas de comino molido, asado seco

125 g de yogur, batido

120 ml de nata líquida

Sal al gusto

Método

- Mezclar las alubias, los garbanzos y el agua. Remoje en una cacerola durante 4 horas. Agregue la cúrcuma y cocine por 45 minutos a fuego medio. Poner a un lado.
- Calentar la mantequilla clarificada en una cacerola. Agregue todos los ingredientes restantes y cocine a fuego medio hasta que la mantequilla clarificada se separe.
- Agregue la mezcla de frijoles y garbanzos. Hervir hasta que se seque. Se sirve caliente.

Dhal Masur

(Lentejas Rojas Partidas)

Para 4 personas

INGREDIENTES

1 cucharada de mantequilla clarificada

1 cucharadita de semillas de comino

1 cebolla pequeña, finamente picada

Raíz de jengibre de 2,5 cm, finamente picada

6 dientes de ajo, finamente picados

4 chiles verdes, cortados a lo largo

1 tomate, pelado y hecho puré

½ cucharadita de cúrcuma

300 g / 10 oz masor dhal*

1,5 litros / 2 litros de agua

Sal al gusto

2 cucharadas de hojas de cilantro

Método

- Calentar la mantequilla clarificada en una cacerola. Agregue las semillas de comino, la cebolla, el jengibre, el ajo, el chile, el tomate y la cúrcuma. Freír durante 5 minutos, revolviendo con frecuencia.
- Añadir dhal, agua y sal. Hervir durante 45 minutos. Decorar con hojas de cilantro. Se sirve caliente con arroz al vapor.

Dhal de berenjena

(lentejas con berenjena)

Para 4 personas

INGREDIENTES

300 g / 10 oz toor dhal*

1,5 litros / 2 litros de agua

Sal al gusto

1 cucharada de aceite vegetal refinado

50 g de berenjenas troceadas

2,5 cm de canela

2 vainas de cardamomo verde

2 clavos

1 cebolla grande, finamente picada

2 tomates grandes, finamente picados

½ cucharadita de pasta de jengibre

½ cucharadita de pasta de ajo

1 cucharadita de cilantro molido

½ cucharadita de cúrcuma

10 g de hojas de cilantro, para decorar

Método

- Hervir el dhal con agua y sal en una cacerola durante 45 minutos a fuego medio. Poner a un lado.
- Calentar el aceite en una cacerola. Agregue todos los ingredientes restantes excepto las hojas de cilantro. Freír durante 2-3 minutos, revolviendo continuamente.
- Agregue la mezcla al dhal. Hervir durante 5 minutos. Adorne y sirva.

Dhal Tadka Amarillo

Para 4 personas

INGREDIENTES

300 g / 10 oz de mung dhal*

1 litro / 1¾ litros de agua

¼ de cucharadita de cúrcuma

Sal al gusto

3 cucharaditas de mantequilla clarificada

½ cucharadita de semillas de mostaza

½ cucharadita de semillas de comino

½ cucharadita de semillas de fenogreco

Raíz de jengibre de 2,5 cm, finamente picada

4 dientes de ajo, finamente picados

3 chiles verdes, cortados a lo largo

8 hojas de curry

Método

- Cuece el dhal con agua, cúrcuma y sal en una sartén durante 45 minutos a fuego medio. Poner a un lado.
- Calentar la mantequilla clarificada en una cacerola. Agregue todos los demás ingredientes. Freírlos durante 1 minuto y verter sobre el dhal. Mezclar bien y servir caliente.

Rasam

(Sopa picante de tamarindo)

Para 4 personas

INGREDIENTES

2 cucharadas de pasta de tamarindo

750 ml / 1¼ litros de agua

8-10 hojas de curry

2 cucharadas de hojas de cilantro picadas

Una pizca de asafétida

Sal al gusto

2 cucharaditas de mantequilla clarificada

½ cucharadita de semillas de mostaza

Para la mezcla de especias:

2 cucharaditas de semillas de cilantro

2 cucharadas de toor dhal*

1 cucharadita de semillas de comino

4-5 granos de pimienta

1 chile rojo seco

Método

- Tostar en seco y moler los ingredientes de la mezcla de especias.
- Mezcle la mezcla de especias con todos los ingredientes excepto el ghee y las semillas de mostaza. Cocine durante 7 minutos a fuego medio en una sartén.
- Calentar la mantequilla clarificada en otra cacerola. Agregue las semillas de mostaza y déjelas reposar durante 15 segundos. Se vierte directamente en el rasam. Se sirve caliente.

Mung Dhal simple

Para 4 personas

INGREDIENTES

300 g / 10 oz de mung dhal*

1 litro / 1¾ litros de agua

Una pizca de cúrcuma

Sal al gusto

2 cucharadas de aceite vegetal refinado

1 cebolla grande, finamente picada

3 chiles verdes, finamente picados

Raíz de jengibre de 2,5 cm, finamente picada

5 hojas de curry

2 tomates, finamente picados

Método

- Cocine el dhal con agua, cúrcuma y sal en una cacerola durante 30 minutos a fuego medio. Poner a un lado.
- Calentar el aceite en una cacerola. Agregue todos los demás ingredientes. Freír durante 3-4 minutos. Agregue esto al dhal. Hervir hasta que espese. Se sirve caliente.

frijol mungo verde entero

Para 4 personas

INGREDIENTES

250 g de frijol mungo, remojados durante la noche

1 litro / 1¾ litros de agua

½ cucharada de aceite vegetal refinado

½ cucharadita de semillas de comino

6 hojas de curry

1 cebolla grande, finamente picada

½ cucharadita de pasta de ajo

½ cucharadita de pasta de jengibre

3 chiles verdes, finamente picados

1 tomate, finamente picado

¼ de cucharadita de cúrcuma

Sal al gusto

120ml de leche

Método

- Hervir los frijoles en agua en una cacerola durante 45 minutos a fuego medio. Poner a un lado.
- Calentar el aceite en una cacerola. Agregue semillas de comino y hojas de curry.
- Después de 15 segundos, agregue los frijoles cocidos y todos los demás ingredientes. Mezcle bien y cocine durante 7-8 minutos. Se sirve caliente.

Dahi Kadhi con Pakoras

(Cury a base de yogur con albóndigas fritas)

Para 4 personas

INGREDIENTES
Para las pakoras:

125 g / 4½ oz Besan*

¼ de cucharadita de semillas de comino

2 cucharaditas de cebolla picada

1 chile verde picado

½ cucharadita de jengibre rallado

Una pizca de cúrcuma

2 chiles verdes, finamente picados

½ cucharadita de semillas de ajowan

Sal al gusto

freír aceite

Para el kadi:

dahi kadhi

Método

- En un tazón, mezcle todos los ingredientes de la pakora, excepto el aceite, con suficiente agua para hacer una masa espesa. Freír las cucharas en aceite hirviendo hasta que estén doradas.
- Cocine el kadhi y agregue las pakoras. Hervir durante 3-4 minutos.
- Se sirve caliente con arroz al vapor.

Mango dulce inmaduro Dhal

(Gramo rojo partido con mango verde)

Para 4 personas

INGREDIENTES

300 g / 10 oz toor dhal*

2 chiles verdes, cortados a lo largo

2 cucharaditas de azúcar moreno*, reír

1 cebolla pequeña, en rodajas

Sal al gusto

¼ de cucharadita de cúrcuma

1,5 litros / 2 litros de agua

1 mango verde, pelado y picado

1 ½ cucharaditas de aceite vegetal refinado

½ cucharadita de semillas de mostaza

1 cucharada de hojas de cilantro, para decorar

Método

- Mezcla todos los ingredientes excepto el aceite, las semillas de mostaza y las hojas de cilantro en una cacerola. Cocine por 30 minutos a fuego medio. Poner a un lado.
- Calentar el aceite en una cacerola. Agregue las semillas de mostaza. Déjalos reposar durante 15 segundos. Verter sobre el dhal. Adorne y sirva caliente.

malai dal

(Black gram split con nata)

Para 4 personas

INGREDIENTES

300 g / 10 oz de urad dhal*, remojar durante 4 horas

1 litro / 1¾ litros de agua

500 ml de leche hervida

1 cucharadita de cúrcuma

Sal al gusto

½ cucharadita de amchoor*

2 cucharadas de nata líquida

1 cucharada de mantequilla clarificada

1 cucharadita de semillas de comino

Raíz de jengibre de 2,5 cm, finamente picada

1 tomate pequeño, finamente picado

1 cebolla pequeña, finamente picada

Método

- Cuece el dhal con agua a fuego medio durante 45 minutos.
- Añadir la leche, la cúrcuma, la sal, el amchoor y la nata. Mezcle bien y cocine durante 3-4 minutos. Poner a un lado.
- Calentar la mantequilla clarificada en una cacerola. Agregue las semillas de comino, el jengibre, los tomates y las cebollas. Freír durante 3 minutos. Agregue esto al dhal. Mezclar bien y servir caliente.

sambar

(Mezcla de lentejas y verduras cocinadas con especias especiales)

Para 4 personas

INGREDIENTES

300 g / 10 oz toor dhal*

1,5 litros / 2 litros de agua

Sal al gusto

1 cucharada de aceite vegetal refinado

1 cebolla grande, en rodajas finas

2 cucharaditas de pasta de tamarindo

¼ de cucharadita de cúrcuma

1 chile verde, picado grueso

1 ½ cucharadita de polvo de sambhar*

2 cucharadas de hojas de cilantro finamente picadas

Para el Aliño:

1 chile verde, cortado a lo largo

1 cucharadita de semillas de mostaza

½ cucharadita de urad dhal*

8 hojas de curry

¼ de cucharadita de asafétida

Método

- Mezcla todos los ingredientes del aderezo. Poner a un lado.
- Cocine toor dhal con agua y sal en una cacerola a fuego medio durante 40 minutos. Triturar bien. Poner a un lado.
- Calentar el aceite en una cacerola. Agregue los ingredientes para condimentar. Déjalos reposar durante 20 segundos.
- Agregue el dhal cocido y todos los demás ingredientes excepto las hojas de cilantro. Hervir durante 8-10 minutos.
- Decorar con hojas de cilantro. Se sirve caliente.

tres dhals

(lentejas mixtas)

Para 4 personas

INGREDIENTES

150 g / 5½ oz de dhal*

75 g de masor dhal*

75 g / 2½ oz mung dhal*

1 litro / 1¾ litros de agua

1 tomate grande, finamente picado

1 cebolla pequeña, finamente picada

4 dientes de ajo, finamente picados

6 hojas de curry

Sal al gusto

¼ de cucharadita de cúrcuma

2 cucharadas de aceite vegetal refinado

½ cucharadita de semillas de comino

Método

- Remoje los dhals en agua durante 30 minutos. Cocine con los demás ingredientes, a excepción del aceite y el comino, durante 45 minutos a fuego medio.
- Calentar el aceite en una cacerola. Agregue las semillas de comino. Déjalos reposar durante 15 segundos. Verter sobre el dhal. Revuelva bien. Se sirve caliente.

Sambhar de baquetas de Methi

(alholva y palitos de gramo rojo partido)

Para 4 personas

INGREDIENTES

300 g / 10 oz toor dhal*

1 litro / 1¾ litros de agua

Una pizca de cúrcuma

Sal al gusto

2 palillos indios*, Cortado

1 cucharadita de aceite vegetal refinado

¼ de cucharadita de semillas de mostaza

1 pimiento rojo, cortado por la mitad

¼ de cucharadita de asafétida

10 g de hojas frescas de fenogreco, picadas

1¼ cucharadita de polvo de sambhar*

1¼ cucharadita de pasta de tamarindo

Método

- Mezcle el dhal, el agua, la cúrcuma, la sal y la pulpa en una cacerola. Cocine durante 45 minutos a fuego medio. Poner a un lado.
- Calienta el aceite en el sarten. Agregue todos los ingredientes restantes y fríalos durante 2-3 minutos. Agregue esto al dhal y cocine durante 7-8 minutos. Se sirve caliente.

Dhal Shorba

(Sopa de lentejas)

Para 4 personas

INGREDIENTES

300 g / 10 oz toor dhal*

Sal al gusto

1 litro / 1¾ litros de agua

1 cucharada de aceite vegetal refinado

2 cebollas grandes, en rodajas

4 dientes de ajo, picados

50 g de hojas de espinaca, finamente picadas

3 tomates, finamente picados

1 cucharadita de jugo de limón

1 cucharadita de garam masala

Método

- Cocine el dhal, la sal y el agua en una cacerola a fuego medio durante 45 minutos. Poner a un lado.
- Calentar el aceite. Freír la cebolla a fuego medio hasta que esté dorada. Agregue todos los demás ingredientes y cocine por 5 minutos, revolviendo con frecuencia.
- Agrégalo a la mezcla de dhal. Se sirve caliente.

Delicioso mungo

(Todo el montón)

Para 4 personas

INGREDIENTES

250 g de frijol mungo

2,5 litros / 4 litros de agua

Sal al gusto

2 cebollas medianas, picadas

3 chiles verdes, picados

¼ de cucharadita de cúrcuma

1 cucharadita de chile en polvo

1 cucharadita de jugo de limón

1 cucharada de aceite vegetal refinado

½ cucharadita de semillas de comino

6 dientes de ajo, picados

Método

- Remoje los frijoles mung en agua durante 3-4 horas. Cuece en una cacerola con sal, cebolla, chiles verdes, cúrcuma y chile en polvo a fuego medio por 1 hora.
- Agregue el jugo de limón. Hervir durante 10 minutos. Poner a un lado.
- Calentar el aceite en una cacerola. Agrega las semillas de comino y el ajo. Freír durante 1 minuto a fuego medio. Verter en la mezcla de mung. Se sirve caliente.

Masala Toor Dhal

(Gramo rojo picante)

Para 4 personas

INGREDIENTES

300 g / 10 oz toor dhal*

1,5 litros / 2 litros de agua

Sal al gusto

½ cucharadita de cúrcuma

1 cucharada de aceite vegetal refinado

½ cucharadita de semillas de mostaza

8 hojas de curry

¼ de cucharadita de asafétida

½ cucharadita de pasta de jengibre

½ cucharadita de pasta de ajo

1 chile verde, finamente picado

1 cebolla, finamente picada

1 tomate, finamente picado

2 cucharaditas de jugo de limón

2 cucharadas de hojas de cilantro, para decorar

Método

- Cocine el dhal con agua, sal y cúrcuma en una cacerola durante 45 minutos a fuego medio. Poner a un lado.
- Calentar el aceite en una cacerola. Agregue todos los ingredientes excepto el jugo de limón y las hojas de cilantro. Freír durante 3-4 minutos a fuego medio. Verter sobre el dhal.
- Agregue el jugo de limón y las hojas de cilantro. Revuelva bien. Se sirve caliente.

Mung Dhal amarillo seco

(Gramo amarillo seco)

Para 4 personas

INGREDIENTES

300 g / 10 oz de mung dhal*, remojar durante 1 hora

250 ml / 8 fl oz de agua

¼ de cucharadita de cúrcuma

Sal al gusto

1 cucharada de mantequilla clarificada

1 cucharadita de amchoor*

1 cucharada de hojas de cilantro picadas

1 cebolla pequeña, finamente picada

Método

- Cuece el dhal con agua, cúrcuma y sal en una sartén durante 45 minutos a fuego medio.
- Caliente la mantequilla clarificada y viértala sobre el dhal. Espolvorear con amchoor, hojas de cilantro y cebolla. Se sirve caliente.

Urad entero

(gramo negro entero)

Para 4 personas

INGREDIENTES

300 g de judías verdes*, lavado

Sal al gusto

1,25 litros / 2½ litros de agua

¼ de cucharadita de cúrcuma

½ cucharadita de chile en polvo

½ cucharadita de polvo de jengibre seco

¾ cucharadita de garam masala

1 cucharada de mantequilla clarificada

½ cucharadita de semillas de comino

1 cebolla grande, finamente picada

2 cucharadas de hojas de cilantro finamente picadas

Método

- Hervir los frijoles urad con sal y agua en una cacerola durante 45 minutos a fuego medio.
- Agregue la cúrcuma, el chile en polvo, el jengibre en polvo y el garam masala. Mezclar bien y hervir durante 5 minutos. Poner a un lado.
- Calentar la mantequilla clarificada en una cacerola. Agregue las semillas de comino y déjelas reposar durante 15 segundos. Agregue la cebolla y saltee a fuego medio hasta que se dore.
- Agregue la mezcla de cebolla al dhal y mezcle bien. Hervir durante 10 minutos.
- Decorar con hojas de cilantro. Se sirve caliente.

Fritura Dhal

(Split Red Gram con Especias Tostadas)

Para 4 personas

INGREDIENTES

300 g / 10 oz toor dhal*

1,5 litros / 2 litros de agua

½ cucharadita de cúrcuma

Sal al gusto

2 cucharadas de mantequilla clarificada

½ cucharadita de semillas de mostaza

½ cucharadita de semillas de comino

½ cucharadita de semillas de fenogreco

Raíz de jengibre de 2,5 cm, finamente picada

2-3 dientes de ajo, finamente picados

2 chiles verdes, finamente picados

1 cebolla pequeña, finamente picada

1 tomate, finamente picado

Método

- Cuece el dhal con agua, cúrcuma y sal en una sartén durante 45 minutos a fuego medio. Revuelva bien. Poner a un lado.
- Calentar la mantequilla clarificada en una cacerola. Agregue semillas de mostaza, semillas de comino y semillas de fenogreco. Déjalos reposar durante 15 segundos.
- Agregue el jengibre, el ajo, el pimiento verde, la cebolla y el tomate. Freír a fuego medio durante 3-4 minutos, revolviendo con frecuencia. Agregue esto al dhal. Se sirve caliente.

dosis instantánea

(crepe de arroz instantaneo)

Hace 10-12

INGREDIENTES

85 g de harina de arroz

45 g de harina integral

45 g de harina blanca normal

25 g de sémola rara

60g / 2oz de Besan*

1 cucharadita de comino molido

4 chiles verdes, finamente picados

2 cucharadas de crema agria

Sal al gusto

120 ml / 4 fl oz de aceite vegetal refinado

Método

- Mezcle todos los ingredientes, excepto el aceite, junto con suficiente agua para hacer una masa espesa con una consistencia de vertido.

- Calienta una sartén y vierte una cucharadita de aceite en ella. Vierta 2 cucharadas de masa y extienda con el dorso de una cuchara hasta que se forme una crepa.

- Cocine hasta que el fondo esté dorado. Gira y repite.

- Retire con cuidado con una espátula. Repita para la masa restante.

- Servir caliente con cualquier chutney.

Rollo de patata dulce

Hace 15-20

INGREDIENTES

4 batatas grandes, al vapor y en puré

175 g de harina de arroz

4 cucharadas de miel

20 anacardos, ligeramente fritos y picados

20 pasas

Sal al gusto

2 cucharaditas de semillas de sésamo

Mantequilla clarificada para freír

Método

- Combine todos los ingredientes excepto la mantequilla clarificada y las semillas de sésamo.

- Haga bolas del tamaño de una nuez y páselas por semillas de sésamo para cubrirlas.

- Calentar la mantequilla clarificada en una sartén antiadherente. Freír las bolas a fuego medio hasta que se doren. Se sirve caliente.

panqueques con papas

por 30

INGREDIENTES

6 papas grandes, 3 ralladas más 3 hervidas y en puré

2 huevos

2 cucharadas de harina blanca natural

½ cucharadita de pimienta negra recién molida

1 cebolla pequeña, finamente picada

120ml de leche

60 ml / 2 fl oz de aceite vegetal refinado

1 cucharadita de sal

2 cucharadas de aceite

Método

- Mezclar todos los ingredientes, excepto el aceite, hasta formar una masa espesa.

- Calentar una sartén plana y untar aceite sobre ella. Saque de 2 a 4 cucharadas de masa y extiéndala como un panqueque.

- Cocine cada lado a fuego medio durante 3-4 minutos hasta que el panqueque esté dorado y crujiente en los bordes.

- Repita para la masa restante. Se sirve caliente.

Murgh malai kebab

(brocheta de pollo a la crema)

Hace 25-30

INGREDIENTES

1 cucharadita de pasta de jengibre

1 cucharadita de pasta de ajo

2 chiles verdes

25 g de hojas de cilantro raras, finamente picadas

3 cucharadas de crema

1 cucharadita de harina blanca natural

125 g de queso cheddar rallado

1 cucharadita de sal

500 g / 1 lb 2 oz de pollo deshuesado, finamente picado

Método

- Combine todos los ingredientes excepto el pollo.

- Marinar las piezas de pollo con la mezcla durante 4-6 horas.

- Coloque en una fuente para horno y cocine en el horno a 165°C (325°F, marca de gas 4) durante unos 20-30 minutos, hasta que el pollo esté dorado claro.

- Servir caliente con chutney de menta

Soplos Keema

(Pretzels rellenos de carne picada)

por 12

INGREDIENTES

250 g de harina blanca normal

½ cucharada de sal

½ cucharadita de polvo de hornear

1 cucharada de mantequilla clarificada

100 ml / 3½ onzas líquidas de agua

2 cucharadas de aceite vegetal refinado

2 cebollas medianas, finamente picadas

¾ cucharadita de pasta de jengibre

¾ cucharadita de pasta de ajo

6 chiles verdes, finamente picados

1 tomate grande, finamente picado

½ cucharadita de cúrcuma

½ cucharadita de chile en polvo

1 cucharadita de garam masala

125 g de guisantes congelados

4 cucharadas de yogur

2 cucharadas de agua

50 g de hojas de cilantro finamente picadas

500 g de pollo picado

Método

- Tamizar juntos la harina, la sal y el polvo de hornear. Añadir la mantequilla clarificada y el agua. Se amasa para formar una masa. Dejar reposar durante 30 minutos y amasar una vez más. Poner a un lado.

- Calentar el aceite en una cacerola. Agregue la cebolla, la pasta de jengibre, la pasta de ajo y los chiles verdes. Freír durante 2 minutos a fuego medio.

- Agregue el tomate, la cúrcuma, el chile en polvo, el garam masala y una pizca de sal. Mezcle bien y cocine por 5 minutos, revolviendo con frecuencia.

- Agregue los guisantes, el yogur, el agua, las hojas de cilantro y el pollo picado. Revuelva bien. Cocine por 15 minutos, revolviendo ocasionalmente, hasta que la mezcla se seque. Poner a un lado.

- Estirar la masa en un disco grande. Corta en forma cuadrada, luego corta 12 rectángulos pequeños del cuadrado.

- Coloque la mezcla de carne molida en el centro de cada rectángulo y enrolle como un papel de azúcar.

- Hornee a 175 °C (350 °F, marca de gas 4) durante 10 minutos. Se sirve caliente.

pakoda de huevo

(bocadillo de huevo frito)

por 20

INGREDIENTES

3 huevos batidos

3 rebanadas de pan, cortadas en cuartos

125 g de queso cheddar rallado

1 cebolla, finamente picada

3 chiles verdes, finamente picados

1 cucharada de hojas de cilantro picadas

½ cucharadita de pimienta negra molida

½ cucharadita de chile en polvo

Sal al gusto

Aceite vegetal refinado para freír

Método

- Mezclar todos los ingredientes excepto el aceite.

- Caliente el aceite en una sartén antiadherente. Añadir cucharadas de mezcla. Freír a fuego medio hasta dorar.

- Escurrir sobre papel absorbente. Se sirve caliente.

Dosis de huevo

(Crêpes de Arroz y Huevo)

Hace 12-14

INGREDIENTES

150 g de urad dhal*

100 g de arroz al vapor

Sal al gusto

4 huevos batidos

Pimienta negra molida al gusto

25 g / 1 onza de cebolla rara, finamente picada

2 cucharadas de hojas de cilantro picadas

1 cucharada de aceite vegetal refinado

1 cucharada de mantequilla

Método

- Remoje el dhal y el arroz juntos durante 4 horas. Salar y triturar hasta obtener una masa espesa. Déjalo fermentar durante la noche.

- Engrasa y calienta una sartén plana. Extender sobre 2 cucharadas de masa.

- Vierta 3 cucharadas de huevo sobre la masa. Espolvorear con pimienta, cebolla y hojas de cilantro. Vierta un poco de aceite en los bordes y cocine por 2 minutos. Voltee con cuidado y cocine por otros 2 minutos.

- Repita para el resto de la masa. Ponga una nuez de mantequilla en cada porción y sirva caliente con chutney de coco.

khasta kachori

(albóndigas de lentejas fritas picantes)

Para 12-15

INGREDIENTES

200 g / 7 oz de aceite de oliva virgen extra*

300 g de harina blanca normal

Sal al gusto

200 ml / 7 onzas líquidas de agua

2 cucharadas de aceite vegetal extra refinado para freír

Una pizca de asafétida

225 g / 8 oz de mung dhal*, remojar durante una hora y escurrir

1 cucharadita de cúrcuma

1 cucharadita de cilantro molido

4 cucharaditas de semillas de hinojo

2-3 dientes

1 cucharada de hojas de cilantro finamente picadas

3 chiles verdes, finamente picados

Raíz de jengibre de 2,5 cm, finamente picada

1 cucharada de hojas de menta finamente picadas

¼ de cucharadita de chile en polvo

1 cucharadita de amchoor*

Método

- Mezcla los frijoles, la harina y un poco de sal con suficiente agua hasta obtener una masa compacta. Poner a un lado.

- Calentar el aceite en una cacerola. Agregue la asafétida y déjela reposar durante 15 segundos. Agregue el dhal y saltee durante 5 minutos a fuego medio, revolviendo constantemente.

- Agregue la cúrcuma, el cilantro molido, las semillas de hinojo, los clavos, las hojas de cilantro, los chiles verdes, el jengibre, las hojas de menta, el chile en polvo y el amboor. Mezcle bien y cocine durante 10-12 minutos. Poner a un lado.

- Divide la masa en bolas del tamaño de un limón. Aplanarlos y enrollarlos en pequeños discos de 12,5 cm de diámetro.

- Coloque una cucharada de mezcla de dhal en el centro de cada disco. Sella como una bolsa y aplana en puré. Poner a un lado.

- Calentar el aceite en una cacerola. Freír los purés hasta que se inflen.

- Servir caliente con chutney de coco verde

Dhokla de legumbres mixtas

(Pastel mixto de legumbres al vapor)

por 20

INGREDIENTES

125 g de frijol mungo entero*

125 g de kaala chana*

60g / 2oz gramo turco

50 g de guisantes secos

75 g de judías verdes*

2 cucharaditas de chiles verdes

Sal al gusto

Método

- Remoje los frijoles mungo, kaala chana, gramo turco y guisantes secos juntos. Remoje los frijoles urad por separado. Dejar reposar durante 6 horas.

- Muele todos los ingredientes del remojo para hacer una masa espesa. Fermentar durante 6 horas.

- Agregue los chiles verdes y la sal. Mezclar bien y verter en un molde redondo de 20 cm y cocer al vapor durante 10 minutos.

- Corte de diamante. Servir con chutney de menta

FRANCO

Hace 10-12

INGREDIENTES

1 cucharadita de chaat masala*

½ cucharadita de garam masala

½ cucharadita de comino molido

4 papas grandes, hervidas y en puré

Sal al gusto

10-12 chapatis

Aceite vegetal refinado para engrasar

2-3 pimientos picantes verdes, finamente picados y remojados en vinagre blanco

2 cucharadas de hojas de cilantro finamente picadas

1 cebolla, finamente picada

Método

- Mezcle chaat masala, garam masala, comino molido, papas y sal. Amasar bien y reservar.

- Calentar una sartén y colocar un chapatti encima.

- Untar un poco de aceite sobre el chapatti y darle la vuelta para que se dore por un lado. Repite por el otro lado.

- Extienda una capa de la mezcla de papas de manera uniforme sobre los chapatis calientes.

- Espolvorea algunos chiles verdes, hojas de cilantro y cebollas.

- Enrolle el chapatti para que la mezcla de patatas quede dentro.

- Freír el rollo seco en una sartén hasta que esté dorado y servir caliente.

Delicia de besan y queso

por 25

INGREDIENTES

2 huevos

250 g de queso cheddar, rallado

1 cucharadita de pimienta negra molida

1 cucharadita de mostaza molida

½ cucharadita de chile en polvo

60 ml / 2 fl oz de aceite vegetal refinado

Para la mezcla de besan:

50 g de sémola seca frita

375g / 13oz de besan*

200 g de repollo, rallado

1 cucharadita de pasta de jengibre

1 cucharadita de pasta de ajo

Una pizca de levadura en polvo

Sal al gusto

Método

- Batir 1 huevo bien. Agregue el queso Cheddar, la pimienta, la mostaza molida y el chile en polvo. Mezcle bien y deje reposar.

- Mezcle los ingredientes de la mezcla de frijoles. Pasar a un molde redondo de 20 cm y cocer al vapor durante 20 minutos. Una vez enfriado, córtelo en 25 pedazos y extiéndalo sobre cada mezcla de huevo y queso.

- Calentar el aceite en una cacerola. Freír las piezas a fuego medio hasta que estén doradas. Servir caliente con chutney de coco verde

chile idli

Para 4 personas

INGREDIENTES

3 cucharadas de aceite vegetal refinado

1 cucharadita de semillas de mostaza

1 cebolla pequeña, en rodajas

½ cucharadita de garam masala

1 cucharada de salsa de tomate

4 idlis picados

Sal al gusto

2 cucharadas de hojas de cilantro

Método

- Calentar el aceite en una cacerola. Agregue las semillas de mostaza. Déjalos reposar durante 15 segundos.

- Agregue todos los ingredientes restantes excepto las hojas de cilantro. Revuelva bien.

- Cocine a fuego medio durante 4-5 minutos, revolviendo suavemente. Decorar con hojas de cilantro. Se sirve caliente.

Canapés con espinacas

por 10

INGREDIENTES

2 cucharadas de mantequilla

10 rebanadas de pan, cortadas en cuartos

2 cucharadas de mantequilla clarificada

1 cebolla, finamente picada

300 g de espinacas, finamente picadas

Sal al gusto

125 g de queso de cabra, escurrido

4 cucharadas de queso cheddar rallado

Método

- Cepille ambos lados de las piezas de pan y hornee en un horno precalentado a 200°C (400°F, gas marca 6) durante 7 minutos. Poner a un lado.

- Calentar la mantequilla clarificada en una cacerola. Freír la cebolla hasta que se dore. Añadir las espinacas y la sal. Cocine por 5 minutos. Agregue el queso de cabra y mezcle bien.

- Extienda la mezcla de espinacas sobre las tostadas. Espolvorea con un poco de queso Cheddar rallado y hornea a 130°C (250°F, marca de gas ½) hasta que el queso se derrita. Se sirve caliente.

Chaat Paushtik

(refrigerio saludable)

Para 4 personas

INGREDIENTES

3 cucharaditas de aceite vegetal refinado

½ cucharadita de semillas de comino

Raíz de jengibre de 2,5 cm, picada

1 patata pequeña, hervida y picada

1 cucharadita de garam masala

Sal al gusto

Pimienta negra molida al gusto

250 g de frijol mungo cocido

300 g de frijoles pintos enlatados

300 g de garbanzos enlatados

10 g de hojas de cilantro picadas

1 cucharadita de jugo de limón

Método

- Calentar el aceite en una cacerola. Agregue las semillas de comino. Déjalos reposar durante 15 segundos.
- Agregue el jengibre, las papas, el garam masala, la sal y la pimienta. Dorar a fuego medio durante 3 minutos. Agregue frijoles mungo, frijoles rojos y garbanzos. Cocine a fuego medio durante 8 minutos.
- Adorne con hojas de cilantro y jugo de limón. Se sirve frío.

rollo de col

Para 4 personas

INGREDIENTES

1 cucharada de harina blanca natural

3 cucharadas de agua

Sal al gusto

2 cucharadas de aceite vegetal extra refinado para freír

1 cucharadita de semillas de comino

100 g de verduras mixtas congeladas

1 cucharada de nata líquida

2 cucharadas de panir*

¼ de cucharadita de cúrcuma

1 cucharadita de chile en polvo

1 cucharadita de cilantro molido

1 cucharadita de comino molido

8 hojas grandes de col, remojadas en agua caliente durante 2-3 minutos y escurridas

Método

- Mezclar la harina, el agua y la sal hasta formar una pasta espesa. Poner a un lado.
- Calentar el aceite en una cacerola. Agregue las semillas de comino y déjelas reposar durante 15 segundos. Agregue todos los ingredientes restantes excepto las hojas de col. Cocine a fuego medio durante 2-3 minutos, revolviendo con frecuencia.
- Vierta esta mezcla en el centro de cada hoja de col. Dobla las hojas y sella los extremos con la pasta de harina.
- Caliente el aceite en una sartén antiadherente. Sumergir los sarmals en la pasta de harina y freírlos. Se sirve caliente.

pan con tomate

Para 4

INGREDIENTES

1 ½ cucharadas de aceite vegetal refinado

150 g de salsa de tomate

3-4 hojas de curry

2 chiles verdes, finamente picados

Sal al gusto

2 papas grandes, hervidas y en rodajas

6 rebanadas de pan, picadas

10 g de hojas de cilantro picadas

Método

- Calentar el aceite en una cacerola. Agregue el puré de tomate, las hojas de curry, los chiles y la sal. Cocine por 5 minutos.
- Añadir las patatas y el pan. Hervir durante 5 minutos.
- Decorar con hojas de cilantro. Se sirve caliente.

Albóndigas de maíz y queso

Hace 8-10

INGREDIENTES

200 g de maíz dulce

250 g de mozzarella rallada

4 papas grandes, hervidas y en puré

2 chiles verdes, finamente picados

Raíz de jengibre de 2,5 cm, finamente picada

1 cucharada de hojas de cilantro picadas

1 cucharadita de jugo de limón

50 g de pan rallado

Sal al gusto

Aceite vegetal refinado para freír

50 g de sémola

Método

- En un tazón, mezcle todos los ingredientes excepto el aceite y la sémola. Divida en 8-10 bolas.
- Calentar el aceite en una cacerola. Pasar las bolas por sémola y freírlas a fuego medio hasta que estén doradas. Se sirve caliente.

hojuelas de maíz chivda

(bocadillo de hojuelas de maíz fritas)

Rinde 500 g / 1 lb 2 oz

INGREDIENTES

250 g de maní

150 g de chana dhal*

100 g de pasas

125 g de anacardos

200 g de copos de maíz

60 ml / 2 fl oz de aceite vegetal refinado

7 chiles verdes, partidos

25 hojas de curry

½ cucharadita de cúrcuma

2 cucharaditas de azúcar

Sal al gusto

Método

- Tueste en seco los cacahuetes, el chana dhal, las pasas, los anacardos y las hojuelas de maíz hasta que estén crujientes. Poner a un lado.
- Calentar el aceite en una cacerola. Agregue chiles verdes, hojas de curry y cúrcuma. Dorar a fuego medio durante un minuto.
- Añadir el azúcar, la sal y todos los ingredientes fritos. Freír durante 2-3 minutos.
- Enfriar y guardar en un recipiente hermético hasta por 8 días.

rollo de nuez

Para 20-25

INGREDIENTES

140 g de harina blanca normal

240ml de leche

1 cucharada de mantequilla

Sal al gusto

Pimienta negra molida al gusto

½ cucharada de hojas de cilantro finamente picadas

3-4 cucharadas de queso cheddar rallado

¼ de cucharadita de nuez moscada, rallada

125 g de anacardos, picados gruesos

125 g de maní, molido grueso

50 g de pan rallado

Aceite vegetal refinado para freír

Método

- Mezclar 85 g de harina con la leche en un cazo. Agregue la mantequilla y cocine la mezcla, revolviendo continuamente, a fuego lento hasta que espese.
- Agregue sal y pimienta. Deje que la mezcla se enfríe durante 20 minutos.
- Agregue las hojas de cilantro, el queso Cheddar, la nuez moscada, los anacardos y las avellanas. Mezclar bien. Poner a un lado.
- Espolvorea la mitad de las migas de pan en una bandeja para hornear.
- Vierta cucharadas de la mezcla de harina sobre el pan rallado y haga sándwiches. Poner a un lado.
- Mezcle la harina restante con suficiente agua para hacer una masa delgada. Sumergir los rollitos en la masa y volver a pasarlos por el pan rallado.
- Calentar el aceite en una cacerola. Freír los rollitos a fuego medio hasta que estén dorados.
- Servir caliente con ketchup o chutney de coco verde

Sarmale con carne picada

por 12

INGREDIENTES

1 cucharada de aceite vegetal refinado más extra para freír

2 cebollas, finamente picadas

2 tomates, finamente picados

½ cucharada de pasta de jengibre

½ cucharada de pasta de ajo

2 chiles verdes, en rodajas

½ cucharadita de cúrcuma

½ cucharadita de chile en polvo

¼ de cucharadita de pimienta negra molida

500 g de pollo picado

200 g de guisantes congelados

2 papas pequeñas, cortadas en cubitos

1 zanahoria grande, cortada en cubitos

Sal al gusto

25 g de hojas de cilantro raras, finamente picadas

12 hojas grandes de col, blanqueadas

2 huevos batidos

100 g de pan rallado

Método

- Caliente 1 cucharada de aceite en una cacerola. Freír la cebolla hasta que esté transparente.
- Agregue los tomates, la pasta de jengibre, la pasta de ajo, los chiles verdes, la cúrcuma, el chile en polvo y los pimientos. Mezclar bien y freír durante 2 minutos a fuego medio.
- Agregue el pollo picado, los guisantes, las papas, las zanahorias, la sal y las hojas de cilantro. Hervir durante 20-30 minutos, revolviendo ocasionalmente. Enfriar la mezcla durante 20 minutos.
- Coloque cucharadas de la mezcla picada en una hoja de col y enróllela. Repita para las hojas restantes. Asegure los rollos con un palillo de dientes.
- Calentar el aceite en una cacerola. Pasar los rollitos por huevo, cubrir con pan rallado y freír hasta que estén dorados.
- Escurrir y servir caliente.

Pav Bhaji

(Verduras picantes con pan)

Para 4 personas

INGREDIENTES

2 papas grandes, hervidas

200 g de verduras mixtas congeladas (pimiento verde, zanahoria, coliflor y guisantes)

2 cucharadas de mantequilla

1 ½ cucharadita de pasta de ajo

2 cebollas grandes, ralladas

4 tomates grandes, picados

250 ml / 8 fl oz de agua

2 cucharaditas pav bhaji masala*

1½ cucharadita de chile en polvo

¼ de cucharadita de cúrcuma

Jugo de 1 limón

Sal al gusto

1 cucharada de hojas de cilantro picadas

Mantequilla para freír

4 panes de hamburguesa, cortados por la mitad

1 cebolla grande, finamente picada

rodajas de limon

Método

- Triturar bien las verduras. Poner a un lado.
- Calentar la mantequilla en una cacerola. Agregue la pasta de ajo y la cebolla y fría hasta que la cebolla se dore. Agregue los tomates y saltee, revolviendo ocasionalmente, a fuego medio durante 10 minutos.
- Agregue el puré de verduras, el agua, el pav bhaji masala, el chile en polvo, la cúrcuma, el jugo de limón y la sal. Cocine a fuego lento hasta que la salsa esté espesa. Triture y cocine durante 3-4 minutos, revolviendo constantemente. Espolvorear las hojas de cilantro y mezclar bien. Poner a un lado.
- Calentar una sartén plana. Unta un poco de mantequilla y fríe los panes de hamburguesa hasta que estén crujientes por ambos lados.
- Sirva la mezcla de verduras caliente junto con los sándwiches, con la cebolla y los gajos de limón al lado.

chuleta de soja

por 10

INGREDIENTES

300 g / 10 oz de mung dhal*, remojar durante 4 horas

Sal al gusto

400 g / 14 oz de frijoles de soya remojados en agua tibia durante 15 minutos

1 cebolla grande, finamente picada

2-3 chiles verdes, finamente picados

1 cucharadita de amchoor*

1 cucharadita de garam masala

2 cucharadas de hojas de cilantro picadas

150 g de pan* o tofu, rallado

Aceite vegetal refinado para freír

Método

- No drene el dhal. Agregue sal y cocine en una cacerola a fuego medio durante 40 minutos. Poner a un lado.
- Escurrir la soja. Mezclar con dhal y moler hasta obtener una pasta espesa.

- En una cacerola antiadherente, mezcle esta pasta con todos los ingredientes restantes excepto el aceite. Hervir hasta que se seque.
- Divide la mezcla en bolitas del tamaño de un limón y forma tortitas.
- Calentar el aceite en una cacerola. Freír las chuletas hasta que estén doradas.
- Servir caliente con chutney de menta

Maíz Bhel

(Snack Picante de Maíz)

Para 4 personas

INGREDIENTES

200 g de granos de elote hervidos

100 g de cebolla tierna, finamente picada

1 patata, hervida, pelada y picada finamente

1 tomate, finamente picado

1 pepino, finamente picado

10 g de hojas de cilantro picadas

1 cucharadita de chaat masala*

2 cucharaditas de jugo de limón

1 cucharada de chutney de menta

Sal al gusto

Método

- En un tazón, mezcle todos los ingredientes para mezclar bien.
- Servir inmediatamente.

Methi Gota

(Empanadas con fenogreco frito)

por 20

INGREDIENTES

500g / 1lb 2oz besan*

45 g de harina integral

125 g de yogur

4 cucharadas de aceite vegetal refinado más extra para freír

2 cucharaditas de bicarbonato de sodio

50 g de hojas frescas de fenogreco, finamente picadas

50 g de hojas de cilantro finamente picadas

1 plátano maduro, pelado y triturado

1 cucharada de semillas de cilantro

10-15 granos de pimienta negra

2 chiles verdes

½ cucharadita de pasta de jengibre

½ cucharadita de garam masala

Una pizca de asafétida

1 cucharadita de chile en polvo

Sal al gusto

Método
- Mezclar la harina, la harina y el yogur.
- Agregue 2 cucharadas de aceite y bicarbonato de sodio. Dejar fermentar durante 2-3 horas.
- Agregue todos los ingredientes restantes excepto el aceite. Mezcle bien para obtener una masa espesa.
- Calentar 2 cucharadas de aceite y agregarlas a la masa. Mezcle bien y deje reposar durante 5 minutos.
- Calentar el aceite restante en una cacerola. Verter cucharadas pequeñas de masa en el aceite y freír hasta que estén doradas.
- Escurrir sobre papel absorbente. Se sirve caliente.

Idlis

(pastel de arroz al vapor)

Para 4 personas

INGREDIENTES

500 g / 1 lb 2 oz de arroz, remojado durante la noche

300 g / 10 oz de urad dhal*, remojar durante la noche

1 cucharada de sal

Una pizca de bicarbonato de sodio

Aceite vegetal refinado para engrasar

Método

- Escurrir el arroz y el dhal y triturarlos juntos.
- Agregue sal y bicarbonato de sodio. Dejar reposar durante 8-9 horas para que fermente.
- Engrasa los moldes para cupcakes. Vierta la mezcla de arroz y dhal en él para que estén medio llenos. Vapor durante 10-12 minutos.
- Retire el idli. Servir caliente con chutney de coco

Idli más

(pastel de arroz al vapor con topping)

para 6 personas

INGREDIENTES

500 g / 1 lb 2 oz de arroz, remojado durante la noche

300 g / 10 oz de urad dhal*, remojar durante la noche

1 cucharada de sal

¼ de cucharadita de cúrcuma

1 cucharada de azúcar granulada

Sal al gusto

1 cucharada de aceite vegetal refinado

½ cucharadita de semillas de comino

½ cucharadita de semillas de mostaza

Método

- Escurrir el arroz y el dhal y triturarlos juntos.
- Añadir sal y dejar reposar durante 8-9 horas para que fermente.
- Agregue la cúrcuma, el azúcar y la sal. Mezcle bien y deje reposar.
- Calentar el aceite en una cacerola. Agrega el comino y las semillas de mostaza. Déjalos reposar durante 15 segundos.
- Agregue la mezcla de arroz y dhal. Cubra con una tapa y cocine por 10 minutos.
- Destape y voltee la mezcla. Tape nuevamente y cocine por 5 minutos.
- Perfore el idli con un tenedor. Si el tenedor sale limpio, el idli está listo.
- Cortar en trozos y servir caliente con chutney de coco.

Sándwich de masala

para 6

INGREDIENTES

2 cucharaditas de aceite vegetal refinado

1 cebolla pequeña, finamente picada

¼ de cucharadita de cúrcuma

1 tomate grande, finamente picado

1 patata grande, hervida y triturada

1 cucharada de guisantes hervidos

1 cucharadita de chaat masala*

Sal al gusto

10 g de hojas de cilantro picadas

50 g de mantequilla

12 rebanadas de pan

Método

- Calentar el aceite en una cacerola. Añadir la cebolla y sofreír hasta que esté transparente.
- Añadir la cúrcuma y el tomate. Rehogar en una sartén a fuego medio durante 2-3 minutos.
- Agregue las papas, los guisantes, el chaat masala, la sal y las hojas de cilantro. Mezclar bien y cocinar durante un minuto a fuego lento. Poner a un lado.
- Engrasa las rebanadas de pan. Coloque una capa de mezcla de vegetales en seis rebanadas. Cubra con las rebanadas restantes y cocine a la parrilla durante 10 minutos. Voltea y asa de nuevo por 5 minutos. Se sirve caliente.

Kebab con menta

para 8

INGREDIENTES

10 g de hojas de menta finamente picadas

500 g de queso de cabra, escurrido

2 cucharaditas de harina de maíz

10 anacardos, picados en trozos grandes

½ cucharadita de pimienta negra molida

1 cucharadita de amchoor*

Sal al gusto

Aceite vegetal refinado para freír

Método

- Mezclar todos los ingredientes excepto el aceite. Amasar hasta obtener una masa suave pero compacta. Divídelas en 8 bolas del tamaño de un limón y tritúralas.
- Calentar el aceite en una cacerola. Freír las brochetas a fuego medio hasta que estén doradas.
- Servir caliente con chutney de menta

Sevia Upma Vegetal

(Aperitivo de fideos vegetales)

Para 4 personas

INGREDIENTES

5 cucharadas de aceite vegetal refinado

1 pimiento verde grande, finamente picado

¼ de cucharadita de semillas de mostaza

2 chiles verdes, cortados a lo largo

200 g de fideos

8 hojas de curry

Sal al gusto

Una pizca de asafétida

50 g de judías verdes, finamente picadas

1 zanahoria, finamente picada

50 g de guisantes congelados

1 cebolla grande, finamente picada

25 g de hojas de cilantro raras, finamente picadas

Jugo de 1 limón (opcional)

Método

- Calentar 2 cucharadas de aceite en una cacerola. Freír el pimiento verde durante 2-3 minutos. Poner a un lado.
- Calentar 2 cucharadas de aceite en otra cacerola. Agregue las semillas de mostaza. Déjalos reposar durante 15 segundos.
- Agregue los chiles verdes y los fideos. Freír durante 1-2 minutos a fuego medio, revolviendo ocasionalmente. Agregue hojas de curry, sal y asafétida.
- Rociar con un poco de agua y añadir el pimiento verde asado, las judías verdes, la zanahoria, los guisantes y la cebolla. Mezcle bien y cocine durante 3-4 minutos a fuego medio.
- Cubra con una tapa y cocine por otro minuto.
- Espolvorear con hojas de cilantro y jugo de limón. Servir caliente con chutney de coco

Bhel

(Bocadillo de arroz inflado)

Para 4-6 personas

INGREDIENTES

2 papas grandes, hervidas y cortadas en cubitos

2 cebollas grandes, finamente picadas

125 g de maní tostado

2 cucharadas de comino molido, asado seco

300 g / 10 oz de Mezcla Bhel

250 g de chutney de mango dulce caliente

60 g de chutney de menta

Sal al gusto

25 g / 1 onza de hojas de cilantro en rodajas finas

Método

- Mezclar las patatas, la cebolla, los cacahuetes y el comino molido con la mezcla de Bhel. Agregue los chutneys y la sal. Mezcle para mezclar.
- Cubrir con hojas de cilantro. Servir inmediatamente.

sabudana khichdi

(Aperitivo de sagú con patatas y cacahuetes)

para 6 personas

INGREDIENTES

300 g de sagú

250 ml / 8 fl oz de agua

250 g de maní, molido grueso

Sal al gusto

2 cucharaditas de azúcar granulada

25 g / 1 onza de hojas de cilantro en rodajas finas

2 cucharadas de aceite vegetal refinado

1 cucharadita de semillas de comino

5-6 chiles verdes, finamente picados

100 g de patatas hervidas y troceadas

Método

- Remoje el sagú durante la noche en agua. Agregue las avellanas, la sal, el azúcar granulada y las hojas de cilantro y mezcle bien. Poner a un lado.
- Calentar el aceite en una cacerola. Agrega las semillas de comino y los chiles verdes. Freír durante unos 30 segundos.
- Agregue las papas y cocine durante 1-2 minutos a fuego medio.
- Agregue la mezcla de sagú. Mezclar y mezclar bien.
- Cubra con una tapa y cocine durante 2-3 minutos. Se sirve caliente.

Dhokla simple

(Pastel sencillo al vapor)

por 25

INGREDIENTES

250 g de chana dhal*, remojar durante la noche y escurrir

2 chiles verdes

1 cucharadita de pasta de jengibre

Una pizca de asafétida

½ cucharadita de bicarbonato de sodio

Sal al gusto

2 cucharadas de aceite vegetal refinado

½ cucharadita de semillas de mostaza

4-5 hojas de curry

4 cucharadas de coco fresco, rallado

10 g de hojas de cilantro picadas

Método

- Muele el dhal hasta obtener una pasta gruesa. Dejar en infusión durante 6-8 horas.
- Agregue el pimiento verde, la pasta de jengibre, la asafétida, el bicarbonato de sodio, la sal, 1 cucharada de aceite y un poco de agua. Revuelva bien.
- Engrasa un molde redondo de 20 cm y rellénalo con la masa.
- Vapor durante 10-12 minutos. Poner a un lado.
- Calentar el aceite restante en una cacerola. Agregue semillas de mostaza y hojas de curry. Déjalos reposar durante 15 segundos.
- Verter sobre el dhokla. Decorar con hojas de coco y cilantro. Cortar en trozos y servir caliente.

papas jaldi

Para 4 personas

INGREDIENTES

2 cucharaditas de aceite vegetal refinado

1 cucharadita de semillas de comino

1 chile verde, picado

½ cucharadita de sal negra

1 cucharadita de amchoor*

1 cucharadita de cilantro molido

4 papas grandes, hervidas y cortadas en cubitos

2 cucharadas de hojas de cilantro picadas

Método

- Calentar el aceite en una cacerola. Agregue las semillas de comino y déjelas reposar durante 15 segundos.
- Agregue todos los demás ingredientes. Revuelva bien. Hervir durante 3-4 minutos. Se sirve caliente.

Dhokla naranja

(pastel de naranja al vapor)

por 25

INGREDIENTES

50 g de sémola

250g / 9oz de besán*

250ml de nata agria

Sal al gusto

100 ml / 3½ onzas líquidas de agua

4 dientes de ajo

1 cm de raíz de jengibre

3-4 chiles verdes

100 g de zanahorias ralladas

¾ cucharadita de bicarbonato de sodio

¼ de cucharadita de cúrcuma

Aceite vegetal refinado para engrasar

1 cucharadita de semillas de mostaza

10-12 hojas de curry

50 g de coco rallado

25 g de hojas de cilantro raras, finamente picadas

Método

- Mezcle sémola, besan, crema agria, sal y agua. Ponga a un lado para fermentar durante la noche.
- Muele el ajo, el jengibre y los chiles juntos.
- Añadir a la masa madre junto con la zanahoria, el bicarbonato de sodio y la cúrcuma. Revuelva bien.
- Engrasa un molde redondo de 20 cm con una gota de aceite. Vierta la masa en él. Cocer al vapor durante unos 20 minutos. Dejar enfriar y cortar las piezas.
- Calentar un poco de aceite en una cacerola. Agregue semillas de mostaza y hojas de curry. Freírlos durante 30 segundos. Vierta sobre las piezas de dhokla.
- Decorar con hojas de coco y cilantro. Se sirve caliente.

Repollo Muthia

(croquetas de col al vapor)

Para 4 personas

INGREDIENTES

250 g de harina integral

100 g de repollo picado

½ cucharadita de pasta de jengibre

½ cucharadita de pasta de ajo

Sal al gusto

2 cucharaditas de azúcar

1 cucharada de jugo de limón

2 cucharadas de aceite vegetal refinado

1 cucharadita de semillas de mostaza

1 cucharada de hojas de cilantro picadas

Método

- Mezcle la harina, el repollo, la pasta de jengibre, la pasta de ajo, la sal, el azúcar, el jugo de limón y 1 cucharada de aceite. Amasar hasta obtener una masa flexible.
- Hacer 2 rollos largos con la masa. Cocer al vapor durante 15 minutos. Dejar enfriar y cortar en rodajas. Poner a un lado.
- Calentar el aceite restante en una cacerola. Agregue las semillas de mostaza. Déjalos reposar durante 15 segundos.
- Agrega los rollitos rebanados y fríe a fuego medio hasta que estén dorados. Decorar con hojas de cilantro y servir caliente.

Rava Dhokla

(pastel de sémola al vapor)

Hace 15-18

INGREDIENTES

200 g de sémola

240 ml de nata agria

2 cucharaditas de chiles verdes

Sal al gusto

1 cucharadita de chile rojo en polvo

1 cucharadita de pimienta negra molida

Método

- Mezclar la sémola y la nata. Fermentar durante 5-6 horas.
- Agregue los chiles verdes y la sal. Revuelva bien.
- Colocar la mezcla de sémola en un molde redondo de 20 cm. Espolvorear con chile en polvo y pimienta. Cocer al vapor durante 10 minutos.
- Cortar en trozos y servir caliente con chutney de menta

Chapatti Upma

(Bocadillos rápidos Chapatti)

Para 4 personas

INGREDIENTES

6 chapatis restantes partidos en pedazos pequeños

2 cucharadas de aceite vegetal refinado

¼ de cucharadita de semillas de mostaza

10-12 hojas de curry

1 cebolla mediana, picada

2-3 chiles verdes, finamente picados

¼ de cucharadita de cúrcuma

Jugo de 1 limón

1 cucharadita de azúcar

Sal al gusto

10 g de hojas de cilantro picadas

Método

- Calentar el aceite en una cacerola. Agregue las semillas de mostaza. Déjalos reposar durante 15 segundos.
- Agregue las hojas de curry, la cebolla, los chiles y la cúrcuma. Dorar a fuego medio hasta que la cebolla tome un color marrón claro. Agrega chapatis.
- Espolvorear con jugo de limón, azúcar y sal. Mezclar bien y cocinar a fuego medio durante 5 minutos. Decorar con hojas de cilantro y servir caliente.

Mung Dhokla

(Pastel Mung al vapor)

son unos 20

INGREDIENTES

250 g / 9 oz de mung dhal*, remojar durante 2 horas

150 ml de crema agria

2 cucharadas de agua

Sal al gusto

2 zanahorias ralladas o 25 g de col rallada

Método

- Escurrir el dhal y triturarlo.
- Añadir la nata y el agua y dejar fermentar durante 6 horas. Agregue la sal y mezcle bien para obtener la masa.
- Engrasa un molde redondo de 20 cm y vierte la masa en él. Espolvorea zanahorias o repollo. Vapor durante 7-10 minutos.
- Cortar en trozos y servir con chutney de menta

Chuleta de carne Mughlai

(Rica chuleta de carne)

por 12

INGREDIENTES

1 cucharadita de pasta de jengibre

1 cucharadita de pasta de ajo

Sal al gusto

500 g de cordero deshuesado, picado

240 ml / 8 onzas líquidas de agua

1 cucharada de comino molido

¼ de cucharadita de cúrcuma

Aceite vegetal refinado para freír

2 huevos batidos

50 g de pan rallado

Método

- Mezcle la pasta de jengibre, la pasta de ajo y la sal. Marinar el cordero con esta mezcla durante 2 horas.
- En una cacerola, cocine el cordero en agua a fuego medio hasta que esté tierno. Reservar el caldo y apartar el cordero.
- Agregue el comino y la cúrcuma al caldo. Revuelva bien.
- Transfiera el caldo a una cacerola y hierva hasta que el agua se evapore. Marinar de nuevo el cordero con esta mezcla durante 30 minutos.
- Calentar el aceite en una cacerola. Sumerja cada trozo de cordero en huevo batido, páselo por pan rallado y fríalo hasta que esté dorado. Se sirve caliente.

masala ir

(albóndigas picantes fritas)

por 15

INGREDIENTES

300 g / 10 oz de chana dhal*, sumergido en 500 ml de agua durante 3-4 horas

50 g de cebolla, finamente picada

25 g / 1 onza de hojas de cilantro en rodajas finas

25 g / 1 onza de hojas de eneldo raro, finamente picadas

½ cucharadita de semillas de comino

Sal al gusto

3 cucharadas de aceite vegetal refinado más extra para freír

Método

- Muele el dhal en trozos grandes. Mezclar con todos los ingredientes menos el aceite.
- Agregue 3 cucharadas de aceite a la mezcla de dhal. Haz albóndigas planas y redondas.
- Caliente el aceite restante en una sartén antiadherente. Freír las albóndigas. Se sirve caliente.

repollo chivda

(Merienda con col y arroz batido)

Para 4 personas

INGREDIENTES

100 g de repollo, finamente picado

Sal al gusto

3 cucharadas de aceite vegetal refinado

125 g de maní

150 g de chana dhal*, bife

1 cucharadita de semillas de mostaza

Una pizca de asafétida

200 g / 7 oz poha*, empapado en agua

1 cucharadita de pasta de jengibre

4 cucharaditas de azúcar

1 ½ cucharadas de jugo de limón

25 g / 1 onza de hojas de cilantro en rodajas finas

Método

- Mezclar el repollo con la sal y reservar durante 10 minutos.
- Caliente 1 cucharada de aceite en una sartén antiadherente. Tuesta los cacahuetes y el chana dhal durante 2 minutos a fuego medio. Escurrir y reservar.
- Caliente el aceite restante en una sartén antiadherente. Freír las semillas de mostaza, la asafétida y la col durante 2 minutos. Rocíe un poco de agua, cubra con una tapa y cocine por 5 minutos. Agregue poha, pasta de jengibre, azúcar, jugo de limón y sal. Mezclar bien y hervir durante 10 minutos.
- Adorne con hojas de cilantro, maní tostado y dhal. Se sirve caliente.

Pan Besan Bhajji

(Costra de pan y harina)

por 32

INGREDIENTES

175 g / 6 oz de Besan*

1250 ml / 5 onzas líquidas de agua

½ cucharadita de semillas de ajowan

Sal al gusto

Aceite vegetal refinado para freír

8 rebanadas de pan, cortadas por la mitad

Método

- Haga una masa espesa mezclando besan con agua. Añadir las semillas de ajowan y la sal. Golpea bien.
- Caliente el aceite en una sartén antiadherente. Sumergir los trozos de pan en la masa y freír hasta que estén dorados. Se sirve caliente.

Methi Seekh Kebab

(Brochetas de menta con hojas de fenogreco)

Hace 8-10

INGREDIENTES

100 g de hojas de fenogreco picadas

3 papas grandes, hervidas y en puré

1 cucharadita de pasta de jengibre

1 cucharadita de pasta de ajo

4 chiles verdes, finamente picados

1 cucharadita de comino molido

1 cucharadita de cilantro molido

½ cucharadita de garam masala

Sal al gusto

2 cucharadas de pan rallado

Aceite vegetal refinado para engrasar

Método

- Mezclar todos los ingredientes excepto el aceite. La forma de las albóndigas.

- Se ensartan y se cuecen a la parrilla de carbón, rociando con aceite y dando vuelta de vez en cuando. Se sirve caliente.

Jhinga Hariyali

(Langostinos Verdes)

por 20

INGREDIENTES

Sal al gusto

Jugo de 1 limón

20 camarones, pelados y desvenados (conserve las colas)

75 g de hojas de menta finamente picadas

75 g de hojas de cilantro picadas

1 cucharadita de pasta de jengibre

1 cucharadita de pasta de ajo

Una pizca de garam masala

1 cucharada de aceite vegetal refinado

1 cebolla pequeña, en rodajas

Método

- Frote sal y jugo de limón sobre los camarones. Dejar reposar durante 20 minutos.
- Moler juntos 50 g de hojas de menta, 50 g de hojas de cilantro, pasta de jengibre, pasta de ajo y garam masala.
- Agregue a los camarones y deje reposar por 30 minutos. Rociar aceite por encima.
- Ensarte las gambas y cocínelas en una parrilla de carbón, dándoles la vuelta de vez en cuando.
- Adorne con las hojas restantes de cilantro y menta y la cebolla en rodajas. Se sirve caliente.

Methi Adai

(crepa de fenogreco)

son las 20-22

INGREDIENTES

100 g de arroz

100 g / 3½ oz de urad dhal*

100 g / 3½ oz mung dhal*

100 g de chana dhal*

100 g de masor dhal*

Una pizca de asafétida

6-7 hojas de curry

Sal al gusto

50 g de hojas frescas de fenogreco, picadas

Aceite vegetal refinado para engrasar

Método

- Remoje el arroz y los dhals juntos durante 3-4 horas.
- Escurra el arroz y el dhal y agregue la asafétida, las hojas de curry y la sal. Moler en trozos grandes y dejar fermentar durante 7 horas. Agregue hojas de fenogreco.
- Engrasa una sartén y caliéntala. Agrega una cucharada de la mezcla fermentada y extiende hasta formar una tortita. Vierta un poco de aceite en los bordes y cocine a fuego medio durante 3-4 minutos. Voltee y cocine por otros 2 minutos.
- Repita para el resto de la masa. Servir caliente con chutney de coco

Chaat de guisantes

Para 4 personas

INGREDIENTES

2 cucharaditas de aceite vegetal refinado

½ cucharadita de semillas de comino

300 g de guisantes enlatados

½ cucharadita de amchoor*

¼ de cucharadita de cúrcuma

¼ de cucharadita de garam masala

1 cucharadita de jugo de limón

5 cm de raíz de jengibre, limpia y en juliana

Método

- Calentar el aceite en una cacerola. Agregue las semillas de comino y déjelas reposar durante 15 segundos. Agregue guisantes, amboor, cúrcuma y garam masala. Mezcle bien y cocine durante 2-3 minutos, revolviendo ocasionalmente.
- Adorne con jugo de limón y jengibre. Se sirve caliente.

Shingada

(Salado bengalí)

Hace 8-10

INGREDIENTES

2 cucharadas de aceite vegetal refinado más extra para freír

1 cucharadita de semillas de comino

200 g de guisantes cocidos

2 papas, hervidas y picadas

1 cucharadita de cilantro molido

Sal al gusto

Para la masa:

350 g de harina blanca normal

¼ de cucharadita de sal

Un poco de agua

Método

- Calentar 2 cucharadas de aceite en una cacerola. Agregue las semillas de comino. Déjalos reposar durante 15 segundos. Agregue los guisantes, las papas, el cilantro molido y la sal. Mezclar bien y freír a fuego medio durante 5 minutos. Poner a un lado.
- Hacer conos de masa con los ingredientes de la masa, como en la receta de samosa de patata. Rellenar los conos con la mezcla de verduras y sellar.
- Caliente el aceite restante en una sartén antiadherente. Freír los conos a fuego medio hasta que estén dorados. Servir caliente con chutney de menta

Cebolla Bhajia

(Panqueques con cebolla)

por 20

INGREDIENTES

250g / 9oz de besán*

4 cebollas grandes, en rodajas finas

Sal al gusto

½ cucharadita de cúrcuma

150ml de agua

Aceite vegetal refinado para freír

Método

- Mezclar los frijoles, la cebolla, la sal y la cúrcuma. Agregue el agua y mezcle bien.
- Caliente el aceite en una sartén antiadherente. Añadir cucharadas de la mezcla y freír hasta que estén doradas. Escurrir sobre papel absorbente y servir caliente.

Bagani Murgh

(Pollo en pasta de marañón)

por 12

INGREDIENTES

500 g / 1 lb 2 oz de pollo deshuesado, cortado en cubitos

1 cebolla pequeña, en rodajas

1 tomate, en rodajas

1 pepino, en rodajas

1 cucharadita de pasta de jengibre

1 cucharadita de pasta de ajo

2 chiles verdes, finamente picados

10 g de hojas de menta, molidas

10 g de hojas de cilantro, molidas

Sal al gusto

Para la marinada:

6-7 anacardos, molidos en una pasta

2 cucharadas de nata líquida

Método

- Mezclar los ingredientes para la marinada. Marinar el pollo con esta mezcla durante 4-5 horas.
- Pinche y cocine en una parrilla de carbón, volteando ocasionalmente.
- Adorne con cebollas, tomates y pepinos. Se sirve caliente.

patata tikki

(empanada de patata)

por 12

INGREDIENTES

4 papas grandes, hervidas y en puré

1 cucharadita de pasta de jengibre

1 cucharadita de pasta de ajo

Jugo de 1 limón

1 cebolla grande, finamente picada

25 g / 1 onza de hojas de cilantro en rodajas finas

¼ de cucharadita de chile en polvo

Sal al gusto

2 cucharadas de harina de arroz

3 cucharadas de aceite vegetal refinado

Método

- Mezcla las papas con la pasta de jengibre, la pasta de ajo, el jugo de limón, la cebolla, las hojas de cilantro, el chile en polvo y la sal. Amasar bien. La forma de las albóndigas.
- Espolvorea las albóndigas con harina de arroz.
- Caliente el aceite en una sartén antiadherente. Freír las albóndigas a fuego medio hasta que estén doradas. Escurrir y servir caliente con chutney de menta.

batata ir

(albóndigas de patatas fritas en masa)

Hace 12-14

INGREDIENTES

1 cucharadita de aceite vegetal refinado más extra para freír

½ cucharadita de semillas de mostaza

½ cucharadita de urad dhal*

½ cucharadita de cúrcuma

5 papas, hervidas y en puré

Sal al gusto

Jugo de 1 limón

250g / 9oz de besán*

Una pizca de asafétida

120ml de agua

Método

- Caliente 1 cucharadita de aceite en una sartén antiadherente. Agregue semillas de mostaza, urad dhal y cúrcuma. Déjalos reposar durante 15 segundos.
- Verter sobre las patatas. También agregue sal y jugo de limón. Revuelva bien.
- Divide la mezcla de patatas en tortitas del tamaño de una nuez. Poner a un lado.
- Mezcle besan, asafétida, sal y agua para hacer la masa.
- Caliente el aceite restante en una sartén antiadherente. Sumergir las bolas de patata en la masa y freír hasta que estén doradas. Escurrir y servir con chutney de menta.

Brochetas De Pollo Mini

para 8

INGREDIENTES

350 g de pollo picado

125 g / 4½ oz Besan*

1 cebolla grande, finamente picada

½ cucharadita de pasta de jengibre

½ cucharadita de pasta de ajo

1 cucharadita de jugo de limón

¼ de cucharadita de polvo de cardamomo verde

1 cucharada de hojas de cilantro picadas

Sal al gusto

1 cucharada de semillas de sésamo

Método

- Mezclar todos los ingredientes, excepto las semillas de sésamo.
- Forme bolas con la mezcla y espolvoree con semillas de sésamo.
- Hornee a 190 °C (375 °F, marca de gas 5) durante 25 minutos. Servir caliente con chutney de menta.

Albóndigas de lentejas

por 12

INGREDIENTES

2 cucharadas de aceite vegetal refinado más extra para freír

2 cebollas pequeñas, finamente picadas

2 zanahorias, finamente picadas

600 g / 1 lb 5 oz de masoor dhal*

500 ml / 16 onzas líquidas de agua

2 cucharadas de cilantro molido

Sal al gusto

25 g / 1 onza de hojas de cilantro en rodajas finas

100 g de pan rallado

2 cucharadas de harina blanca natural

1 huevo batido

Método

- Caliente 1 cucharada de aceite en una sartén antiadherente. Agregue la cebolla y las zanahorias y cocine a fuego medio durante 2-3 minutos, revolviendo con frecuencia. Agregue masoor dhal, agua, cilantro molido y sal. Hervir durante 30 minutos, revolviendo.
- Añade las hojas de cilantro y la mitad del pan rallado. Revuelva bien.
- Formar salchichas y cubrir con harina. Sumergir las albóndigas en el huevo batido y rebozarlas en el pan rallado restante. Poner a un lado.
- Calentar el aceite restante. Freír las albóndigas hasta que estén doradas, volteándolas una vez. Servir caliente con chutney de coco verde.

Poha nutritivo

Para 4 personas

INGREDIENTES

1 cucharada de aceite vegetal refinado

125 g de maní

1 cebolla, finamente picada

¼ de cucharadita de cúrcuma

Sal al gusto

1 papa, hervida y picada

200 g / 7 oz poha*, déjalo en remojo durante 5 minutos y escúrrelo

1 cucharadita de jugo de limón

1 cucharada de hojas de cilantro picadas

Método

- Calentar el aceite en una cacerola. Freír los cacahuetes, la cebolla, la cúrcuma y la sal a fuego medio durante 2-3 minutos.
- Agregue las papas y poha. Rehogar en una sartén a fuego lento hasta que la mezcla sea homogénea.
- Adorne con jugo de limón y hojas de cilantro. Se sirve caliente.

frijoles regulares

(Frijoles en Salsa Picante)

Para 4 personas

INGREDIENTES

300 g / 10 oz masor dhal*, remojado en agua caliente durante 20 minutos

¼ de cucharadita de cúrcuma

Sal al gusto

50 g de judías verdes, finamente picadas

240 ml / 8 onzas líquidas de agua

1 cucharada de aceite vegetal refinado

¼ de cucharadita de semillas de mostaza

Unas hojas de curry

Sal al gusto

Método

- Combine dhal, cúrcuma y sal. Moler hasta obtener una pasta gruesa.
- Vapor durante 20-25 minutos. Dejar enfriar durante 20 minutos. Desmenuce la mezcla con los dedos. Poner a un lado.
- Cuece las judías verdes con agua y un poco de sal en una cacerola a fuego medio hasta que estén blandas. Poner a un lado.
- Calentar el aceite en una cacerola. Agregue las semillas de mostaza. Déjalos reposar durante 15 segundos. Agregue hojas de curry y dhal picado.
- Freír durante unos 3-4 minutos a fuego medio hasta que estén blandas. Agregue los frijoles cocidos y mezcle bien. Se sirve caliente.

Chutney de pan Pakoda

Para 4 personas

INGREDIENTES

250g / 9oz de besán*

150ml de agua

½ cucharadita de semillas de ajowan

125 g de chutney de menta

12 rebanadas de pan

Aceite vegetal refinado para freír

Método

- Mezcle el besan con el agua para hacer una masa con la consistencia de una mezcla para panqueques. Agregue las semillas de ajowan y mezcle suavemente. Poner a un lado.
- Extienda la mostaza a la menta sobre una rebanada de pan y coloque otra encima. Repita para todas las rebanadas de pan. Córtalos en diagonal por la mitad.
- Caliente el aceite en una sartén antiadherente. Sumerja los bollos en la masa y fríalos a fuego medio hasta que estén dorados. Se sirve caliente con ketchup.

Delicia de Methi Khakra

(merienda con fenogreco)

para 16

INGREDIENTES

50 g de hojas frescas de fenogreco, finamente picadas

300 g de harina integral

1 cucharadita de chile en polvo

¼ de cucharadita de cúrcuma

½ cucharadita de cilantro molido

1 cucharada de aceite vegetal refinado

Sal al gusto

120ml de agua

Método

- Mezcla todos los ingredientes juntos. Amasar hasta obtener una masa suave pero compacta.
- Divide la masa en 16 bolas del tamaño de un limón. Extiéndalos en discos muy delgados.
- Calentar una sartén plana. Coloque los discos en la sartén plana y cocine hasta que estén crujientes. Repite por el otro lado. Almacenar en un recipiente hermético.

chuleta verde

por 12

INGREDIENTES

200 g de espinacas, finamente picadas

4 papas, hervidas y en puré

200 g / 7 oz mung dhal*, hervida y hecha puré

25 g / 1 onza de hojas de cilantro en rodajas finas

2 chiles verdes, finamente picados

1 cucharadita de garam masala

1 cebolla grande, finamente picada

Sal al gusto

1 cucharadita de pasta de ajo

1 cucharadita de pasta de jengibre

Aceite vegetal refinado para freír

250 g de pan rallado

Método

- Mezcla las espinacas y las patatas. Agregue mung dhal, hojas de cilantro, chiles verdes, garam masala, cebolla, sal, pasta de ajo y pasta de jengibre. Amasar bien.
- Divide la mezcla en porciones del tamaño de una nuez y forma empanadas con cada una.
- Caliente el aceite en una sartén antiadherente. Pasar las chuletas por pan rallado y freír hasta que estén doradas. Se sirve caliente.

manovo

(Pastel de sémola)

Para 4 personas

INGREDIENTES

100 g de sémola

125 g / 4½ oz Besan*

200 g de yogur

25 g/una botella muy pequeña de 1 oz de calabaza, rallada

1 zanahoria, rallada

25 g / 1 onza de guisantes verdes

½ cucharadita de cúrcuma

½ cucharadita de chile en polvo

½ cucharadita de pasta de jengibre

½ cucharadita de pasta de ajo

1 chile verde, finamente picado

Sal al gusto

Una pizca de asafétida

½ cucharadita de bicarbonato de sodio

4 cucharadas de aceite vegetal refinado

¾ cucharadita de semillas de mostaza

½ cucharadita de semillas de sésamo

Método

- Mezcle la sémola, el besan y el yogur en una cacerola. Agregue la calabaza y la zanahoria y los guisantes rallados.
- Agregue cúrcuma, chile en polvo, pasta de jengibre, pasta de ajo, chiles verdes, sal y asafétida para hacer la masa. Debe tener la consistencia de la masa de pastel. Si no, añade unas cucharadas de agua.
- Agregue el bicarbonato de sodio y mezcle bien. Poner a un lado.
- Calentar el aceite en una cacerola. Agregue la mostaza y las semillas de sésamo. Déjalos reposar durante 15 segundos.
- Vierta la masa en la cacerola. Cubra con una tapa y cocine durante 10-12 minutos.
- Destape y gire cuidadosamente la masa con una espátula. Tape nuevamente y cocine por otros 15 minutos.
- Perfore con un tenedor para verificar que esté listo. Si está cocido, el tenedor estará limpio. Se sirve caliente.

Ghugra

(Media luna con centros de vegetales salados)

Para 4 personas

INGREDIENTES

5 cucharadas de aceite vegetal refinado más extra para freír

Una pizca de asafétida

400 g de guisantes enlatados, molidos

250 ml / 8 fl oz de agua

Sal al gusto

5 cm de raíz de jengibre, finamente picada

2 cucharaditas de jugo de limón

1 cucharada de hojas de cilantro picadas

350 g de harina integral

Método

- Calentar 2 cucharadas de aceite en una cacerola. Añadir asafétida. Cuando se rompa, añadir los guisantes y 120ml de agua. Cocine a fuego medio durante 3 minutos.

- Agregue la sal, el jengibre y el jugo de limón. Mezcle bien y cocine por otros 5 minutos. Espolvorear con hojas de cilantro y reservar.

- Mezclar la harina con la sal, el agua restante y 3 cucharadas de aceite. Dividirlas en bolas y enrollarlas en discos redondos de 10 cm de diámetro.

- Coloque un poco de la mezcla de guisantes en cada disco para que la mitad del disco quede cubierta con la mezcla. Dobla la otra mitad para hacer una "D". Selle presionando los bordes juntos.

- Calentar el aceite. Freír las ghugras a fuego medio hasta que estén doradas. Se sirve caliente.

Brocheta De Plátano

por 20

INGREDIENTES

6 plátanos verdes

1 cucharadita de pasta de jengibre

250g / 9oz de besán*

25 g / 1 onza de hojas de cilantro en rodajas finas

½ cucharadita de chile en polvo

1 cucharadita de amchoor*

Jugo de 1 limón

Sal al gusto

240 ml / 8 fl oz de aceite vegetal refinado para freír poco profundo

Método

- Hervir los plátanos con su piel durante 10-15 minutos. Escurrir y limpiar.

- Mezclar con los demás ingredientes, excepto el aceite. La forma de las albóndigas.

- Caliente el aceite en una sartén antiadherente. Freír las albóndigas hasta que estén doradas. Se sirve caliente.

www.ingramcontent.com/pod-product-compliance
Lightning Source LLC
Chambersburg PA
CBHW071141080526
44587CB00013B/1699